전인치유
웃음치료

전인치유 웃음치료

박인성 지음

추천사

김종환 박사(서울신학대학교 상담대학원 명예교수)

최근 상담과 심리치료는 절충주의(Eclecticism) 모형이 주류를 이루고 있다. 전통적으로 상담과 심리치료는 1학파 '정신분석이론'과 2학파 '행동수정이론' 그리고 3학파 '인간실존주의 이론'으로 분류되어 왔는데, 인간의 영성(Spirituality)을 다루는 4학파 초인성주의 모형(Transpersonalism)이 대두되었다.

절충주의는 이 네 가지 중에서 내담자에게 가장 적합한 모형을 선택하여 적용하려는 노력이다. 그런데 최근 전통적인 모형들을 무색하게 하는 탁월한 치료효과를 나타내는 웃음치료가 적극적으로 활용되고 있다. 나는 웃음치료의 효과를 접하면서 대안 심리치료로 적극적으로 권장하고 있으며, 절충주의에 포함하여 강의하고 있다.

엔도르핀(Endorphine)보다 4,000배 강력한 치료 효과가 있는 감동 호르몬인 다이도르핀(Didorphine)이 발견되었다. 이 호르몬은 좋은 글, 좋은 음악, 감동되는 영화, 엄청난 사랑에 빠졌을 때, 영적인 진리를 깨달을 때, 좋은 풍경 등을 보았을 때, 즉 엄청난 감동이 왔을 때 가장 효과적으로 분비된다고 한다. 이처럼 웃음치료는 인간관계에 감동을 주는 활동이라 여겨진다.

이런 연구를 배경으로, 오랜 웃음치료 임상경험과 깊은 영적 깨달음을 지니신 박인성 박사님에게 나는 큰 기대를 하고 있었다. 그래서 『전인치유 웃음치료』 출판을 기뻐하며, 이 책으로 상담과 심리치료에 혁명적인 새 바람이 일어나기를 기대하며 적극적으로 추천한다.

추천사

구금섭 박사(온석대학원대학교 사회복지학과 교수)

 우리는 살면서 수없이 많은 웃음을 짓는다. 때로는 커다란 좌절에 빠지기도 하고 그로 인해 심각한 마음의 병을 가질 때도 있지만 웃음은 우리를 다시 정상적인 생활을 할 수 있도록 만들어 준다. 또한 요즘 텔레비전에서나 신문에서 웃음치료에 관한 게시물 혹은 방송이 자주 보인다. 수술로는 어떻게 할 수 없을 정도의 심각한 질병을 꾸준한 운동과 웃음치료로 이겨냈다는 내용으로 사람들의 주의를 끌기엔 충분하다. 웃음치료는 어떻게 시술되고 또 웃음치료가 우리의 몸과 정신에 어떠한 영향을 주는 것일까. 일단 우리가 웃으면 우리의 몸에서는 NK세포(Natural Killer Cell)의 활성도가 높아진다. NK세포란 자연살생세포로서 백혈구의 일종으로 바이러스나 암세포의 표면에 달라붙어 구멍을 뚫고 세포막을 터트려 자신이 사라질 때까지 공격한다고 한다. 이렇게 병을 낫게 해주는 세포가 우리가 많은 웃음을 웃음으로써 더 많이 생겨나서 우리의 몸의 질병을 낫게 하는 것이다.

 웃음치료란 웃음을 활용하여 신체적 혹은 정서적 고통과 스트레스를 경감하는 치료법이다. 건강을 증진하고 질병을 극복하는데 보완적인 방법으로 사용되고 있다. 웃음치료는 역사가 기록된 이후부터 꾸준히 사용되어 왔다. 13세기 초 일부 외과 의사들은 수술의 고통을 경감시키기 위해 웃음을 사용했고, 16세기에는 로버트 버튼은 멜랑콜리의 치료법으로 사용되기도 했다. 현대의 웃음 치료는 미국의 새터데이 리뷰지의 편집장이었던 노만 카즌즈로부터 비롯되었다. 그는 강직성 척수염이라는 질병에 걸렸는데, 굳어져 가는 뼈와 근육 때문에 잘 걷지도 못하는 고통스러운 나날을 보내고 있었다. 그러던 어느 날 긍정적인 감정인 웃음이 치료에 효과를 가져올 수 있다는 신문 보도를 읽고는 개인적으로 실험하기 시작했다. 그래서 그는 웃기는 영화를 보고 또 코미디 프로그램을 보고 매일 배꼽 빠지게 웃으려고 노력을 했다. 그 결과 점점 고통을 잊은 채 숙면을 할 수 있었고 그의 상태도 좋아지면서 실제로 염증 수치도 감소 되었다는 것이다. 15분 웃으면 2시간 동안 통증이 없어진다는 사실을 발견하게 된 것이다. 이후 적극적인 웃음 치료로 병을 치료하는 데에 큰 도움을 받은 그는 본격적으로 웃음의 의학적인 효과를 연구하였다(서울대학교병원 자료).

웃음치료를 하면 우리 몸에서는 면역계, 신경호르몬계, 심혈관계에서 각각 변화가 일어나는데 면역계에서 웃음은 면역계 관련 물질의 변화를 일으킨다. 인터페론 감마, 백혈구와 면역 글로불린이 많아지고 면역을 억제하는 코르티졸과 에피네프린이 줄어든다고 한다. 암세포를 죽이는 NK세포가 웃음에 의해서 강력하게 활성화되기도 한다. 신경호르몬계에서 웃음은 뇌에서 엔도르핀이나 엔케팔린 같은 통증을 줄이는 신경 전달 물질의 분비를 증가시킨다. 이는 웃음이 통증에 대한 내인성을 높이는 효과에 대한 생리적 근거이기도 하다. 이 같은 효과 때문에 웃음치료는 환자의 통증 경감이라던가 스트레스 관리 및 정서조절이나 분노, 우울 등 정서조절 향상을 위한 치료의 일환으로도 쓰이고 의사와 환자의 관계를 증진시키는 것에도 웃음 치료가 활용된다.

웃음요법은 안면근육을 많이 사용하게 함으로써 얼굴 스트레칭을 자연스럽게 유도해 안면마비 환자의 근육운동에도 도움이 된다고 한다. 박장대소나 요절복통을 하게 되면 우리 몸의 650개 근육, 얼굴 근육 80개, 231개 뼈가 움직이며 에어로빅을 5분 동안 하는 것과 비슷한 효과를 보이기 때문으로 풀이된다.

끝으로 21세기를 살아가는 현대인들은 산업화 이후 제4차 산업혁명 시대를 살면서 행복감보다는 현실에서 당하는 과도한 스트레스로 인하여 삶의 질이 현격히 떨어지고, 정신적으로 불안감 내지 우울증 및 각종 질병을 유발하고 있다. 이로 인한 국민의 건강을 위해 만든 건강보험도 바닥이 날 정도로 국민의 부담은 날로 커지고 있다.

이에 대한 고민을 목회현장과 노인시설, 학교 등에서 다년간 임상실험 끝에 제출한 박인성 목사의 박사학위 논문이『전인치유 웃음치료』라는 저서로 출판되었다. 목회실천의 한 방법이라고 생각하여 기쁜 맘으로 추천한다.

추천사

이상훈 박사(교수, 작가, 선교적 교회와 교회 갱신 운동가)

현대인들은 최첨단의 시대를 살아가고 있습니다. 미래 세계는 인류에게 새로운 행복을 약속하고 있지만, 인공지능과 가상 현실이 지배하게 될 세상에 대한 불안과 두려움은 점점 더 커져만 갑니다.

이제 막 새로운 시대에 적응하고 있는 디지털 이민자(Digital Immigrant)들은 수면제와 신경 안정제가 없으면 잠을 이루지 못하고 iGen과 같은 디지털 원주민(Digital Native)들은 가상 공간에 머물며 참된 행복을 누리지 못합니다. 이러할 때 오랜 임상과 경험을 통해 쓰인 「전인치유 웃음치료」가 출간된 것이 참으로 반갑습니다. 마음의 병을 웃음으로 치유하고 복음 안에서 자기 자신과 이웃, 하나님과의 관계를 바르게 세우기 위해 쓰여진 본 저서야말로 이 시대가 꼭 필요로 하는 소식이 아닐 수 없습니다.

이 책이 더 중요한 이유는 웃음치료에 대한 이론과 원리에만 머물지 않고 현장에서 사용할 수 있는 방법과 프로그램, 전략이 친절하게 제시되었다는 데 있습니다. 이 책을 읽고 적용하다 보면 독자들 스스로 마음의 병이 치유되고, 건강한 자아상이 생기며, 나아가 행복 바이러스를 퍼뜨릴 수 있는 치유자가 된 자신을 발견하게 될 것입니다. 세상을 복음과 웃음으로 변화시키고자 하시는 모든 분께 이 책을 권해 드립니다.

차례

1장

서론 15

2장

대안 심리치료 이해 23

5장

결론 233

표목차

strangers and God, ...
household of God, ... in the Lord ...
himself being the corner in the Lord ...
grows into a holy temple in the Lord ...
dwelling place for God by the Spirit.

The Mystery of the Gospel Revealed

3 For this reason I, Paul, a prison ...
assuming that you have heard ...
the mystery w ...

서론

01

연구문제와 목적

오늘날 많은 성도들이 신앙생활을 하면서 살아가고 있다. 그런데 그 중에는 기쁨으로 봉사하며 삶을 사는 성도들과 영·혼·육적으로 여러 가지 문제들로 인하여 어렵게 교회생활을 하는 자들도 많다고 할 수 있다. 그러한 자들은 대체적으로 인상이 굳어있고, 대인관계도 좋지 않다. 이에 대하여 예수님의 복음을 믿고 중생한 신자들이 성령의 체험으로, 혹은 성령의 나타남과 역사로 능력을 받아 기쁨으로 신앙생활을 살아갈 수 있다고 할 수 있다. 가장 바람직한 일이라고 생각한다. 그런데 본 논문은 이에 대하여 하나님의 말씀인 성경에 비추어 볼 때 "항상 기뻐하라(살전 5:16)"는 말씀에 입각하여 "항상 기뻐할 수 있는 마음 자세가 신앙생활에도 기여할 수 있는 방법은 없는가?"라는 문제를 제기한다. 그러므로 이에 대한 방법론으로 기뻐하는 최고의 실천 방법이 웃음이라 전제하고 웃음치료에 대한 프로그램을 연구하고자 한다.

특별히, 현대를 살아가는 모든 사람들은 전 분야 그중에서도 과학 등의 발달로 더 편하고 행복한 삶을 살아야 함에도 불구하고 많은 정신적 스트레스를 경험하며 살아간다. 스트레스는 수많은 질병을 가져오고 삶의 질을 떨어뜨린다. 그로 인하여 국가에서도 많은 비용의 대가를 치르고 있는 것이 현실이다. 인간의 삶의 목표는 무병장수라 할 수 있다. 이러한 현실 속에 의술과 의약으로만 의존하고 있는 인간의 문제는 더 나은 해결점으로 대두되고 있는 영·혼·육의 건강에 대한 웃음치료의 연구의 필요성으로 본고를 쓰게 되었다.

또한 본 연구의 목적은 웃음치료를 통하여 성도의 삶을 향상시킬 수 있는 방법을 연구하고자 하는 것이다. 웃음치료 프로그램을 통하여 "항상 기뻐하라"는 말씀을 실천할 때 신앙생활에도 긍정적인 영

향을 미칠 수 있을 것이라는 생각과 함께 누구든지 특히 기독교 성
도들에게 웃음과 기쁨으로 신앙생활에 도움을 주고자 하는 것을 본
고의 연구 목적으로 한다.

02

연구범위와 방법

연구의 범위는 10여 년 동안 웃음치료사를 배출하고 웃음치료사로 활동하였던 경험을 바탕으로 웃음치료가 지니는 긍정적인 면을 재고하기로 한다. 주로 복지관이나 주간노인보호센터에서 치매성 1~5급의 어르신들을 상대로 웃음치료를 해왔다. 정상적인 장년 남녀를 향하여 웃음치료를 한 것과 비교했을 때 어려운 점도 많았다. 프로그램을 진행할 때 참여하지 않는 어르신들도 있었고, 소리를 지르는 어르신도 있었다. 그러나 5년~10여 년 동안 지속적으로 웃음치료를 실시해오던 기관에 가면 거의 정상적인 사람들에게 하는 것과 같은 호응도와 참여도를 보여주셨다. 많은 분들이 고맙다는 인사도 하시며 예전보다 호전된 모습을 보여주었다. 무엇보다도 웃음치료 시간에 즐거워하시며 기뻐하시는 어르신들이 많아졌다. 웃음치료는 웃음을 통한 치유 및 완화, 긍정적이고 기쁜 삶을 영위하도록 하는 적극적인 방법이라고 생각한다. 그러므로 웃음치료가 연세가 많은 노인 분들에게도 영·혼·육 간의 건강에 좋은 프로그램이라면 기독교 신앙을 가진 성도들에게도 더 나은 삶과 동시에 신앙에도 좋은 영향을 미칠 수 있다는 확신을 갖는다. 이에 따라 본고는 모든 성도들을 포함하여, 특히 장년 성도들을 대상으로 실제적이고 활용성 높은 웃음치료 프로그램을 제시하고자 하는 것을 연구범위로 한다.

연구 방법은 우선 웃음에 대한 이해와 웃음치료란 무엇인가를 살펴보고자 한다. 다음으로 웃음치료의 효과에 대하여 살펴보고, 그동안 해왔던 웃음치료 프로그램을 제시하고 모든 사람들 특히 성도들이 교회 내에서 실제로 할 수 있는 다양한 프로그램을 관련서적과 웃음치료학교에서 배운 자료 및 동영상 등을 통하여 웃음치료 프로그램에 대한 자료를 제시하고자 한다. 또한 기존의 자료를 참조하여 웃음치료 프로그램의 발전되고 모방화 된 것과 새로운 웃음치료의 프로그램을 연구하여 제시하고자 한다.

본고는 총 다섯 장으로 구성되어 있다. 제1장 서론에 이어, 제2장 에서는, 대안 심리치료가 무엇인가와 대안치료에는 어떠한 것이 있 는가와 방법을 살펴본다.

제3장에서는, 외과적 치료나 약물 등 의과적 치료에서 나타나는 부작용이 없는 웃음치료의 근거와 웃음치료를 통한 신앙에 미치는 긍정적인 영향을 살펴본다.

제4장에서는, 웃음치료의 실제로서 기존의 웃음치료의 프로그램 과 개발된 프로그램을 통한 원리와 방법을 제시한다. 웃음치료의 프 로그램의 전략과 실제를 개발하여 제시하고자 한다.

마지막 제5장에서는, 결론으로서 웃음치료의 요약과 제언으로 마 치고자 한다.

대안 심리치료 이해

01

\\\\

대안 심리치료

1) 대안 심리치료의 개념

대안 심리치료, 대체의학, 자연치유 등은 모두 유사점이 있다. 예를 들어, 대체의학은 의학의 제한성을 보완하는 것이며, 대안 심리치료는 상담과 심리치료의 제한성을 보완하는 것이다. 그리고 자연치유는 하나의 독립된 분야로서, 대안 심리치료의 도구로 활용된다.

먼저 대안 심리치료에 대하여 살펴보기 위해 심리치료는 무엇인가를 살펴보고 대안 심리치료 혹은 이와 유사한 대체의학 등을 살펴보고자 한다. 많은 교과서 제목이 "상담과 심리치료 개론"으로 출판되고 있다.

심리치료(心理治療, Psychotherapy)는 심리적 문제가 있는 환우에게 심리학을 이용하여 문제 해결을 도와주는 치료 방법으로 심리학적 전문 지식을 갖춘 치료자가 환자와 인간의 사고, 감정, 행동, 대인관계에 대한 사이에서 자기 자신에 대해서 탐색하도록 안내하여 다양한 자신의 문제들을 이해하고 변화하도록 돕는 직무를 말한다.

이와 같은 심리적 문제는 영적 요인이나 육체적인 요인으로 발전할 수 있으므로 다각적인 치료를 모색하여 심리치료를 실시하여야 할 것이다. 그러므로 전인적인 치료로서의 심리치료와 그와 대안이 될 수 있는 치료법의 개발의 병행도 생각해봐야 할 문제이다.

권석만은 심리치료(psychotherapy)를 스스로 해결할 수 없는 심리적 문제나 장애를 지닌 사람을 돕는 전문적인 직업적으로 활동으로 보았다.[1] 물론 심리치료에 대한 학자들의 견해는 다양하다.

이처럼 심리치료는 인간 내면세계와 외면세계에서 나타나는 모든

---

[1] 권석만, 「현대 심리치료와 상담 이론」(서울: ㈜학지사. 2012), pp. 22-23.

일들이 올바르게 형성되도록 치료하는 총체적 치유활동이라고 할 수 있으며, 문제를 없애고, 문제를 고치며, 문제를 감소하게 하는 것이다. 문제가 되는 형태를 가감하며 적극적이고 행복한 상황을 만들어 내기 위한 내담자와 체계적인 분위기를 만들어 마음에 있는 문제를 심리학적으로 치유하고 성장하게 하는 것이다. 또한 심리치료는 사고, 감정, 행동 즉 지, 정, 의를 건강하게 돕는다는 면에서 전인적인 치료방법임에 틀림이 없다. 심리적 문제를 가진 자들은 스스로 그러한 문제를 해결할 수 없는 경우가 대부분이기 때문에 상담과 심리치료 전문가의 도움을 받아야 한다. 현재 심리치료 모형에는 400여 접근법이 있는 것으로 알려지고 있다. 이 다양한 접근법들은 심리치료의 모태라고 할 수 있는 정신분석모형, 행동주의모형, 인간실존주의 모형, 그리고 자아초월 모형에 근거하고 있다. 또한 정신분석치료, 분석적 심리치료, 아들러 심리치료, 행동치료, 합리적 정서행동치료, 인지치료, 인간중심치료, 실존적 심리치료, 게슈탈트 치료, 현실치료, 가족치료, 동양심리치료와 자아초월 심리치료 등을중요한 모형으로 볼 수 있다.

그러므로 대안 심리치료는 심리치료와 병행하여 치료의 효과를 높일 수 있는 일정한 심리치료 방법을 말한다고 할 수 있다. 현재 지구상에는 명칭을 달리하는 심리치료법이 무려 400여 개에 달하는 것으로 추산되고 있다고 했는데, 여기에는 넓은 의미로의 심리치료는 대안이나 대체 심리치료도 포함된다고 볼 수 있다. 그러나 여기에서 전문적인 심리치료의 방법을 개관할 때 대안 심리치료에 더욱 도움이 될 수 있으므로 주요한 심리치료에 대한 내용들을 살펴보면 다음과 같다.

가. 정신분석 치료[2]

정신분석(psychoanalysis)은 지그문트 프로이트(Sigmund Freud, 1856-1939)에 의해서 창시된 심층심리학의 이론체계이자 심리치료 방법이다. Freud는 정신적인 문제 삼고 마음의 혼란으로 발전하는 과정을 말하고 그에 대한 해결점을 주장한 선구자이다. Freud는 위장된 마음속의 상태를 제거하고 마음속에 나타난 진실된 모습을 바라보았고 그 모든 것을 나타내는 것이 성적인 것임을 나타냈다. 이것은 인간관에 대한 탁월한 시도라 할 수 있다.

이처럼 정신분석 치료는 모든 치료의 기본이라고 할 수 있다. 정신분석은 처음에 나타난 심리치료로서 많은 심리치료에 대한 말들이 거기에서 나타났다고 할 수 있다. 그리고 정신분석 치료는 사람들 간의 상황 속에 제일 먼저 중심이 되고 총괄적으로 실시 되는 치유 형태라고 할 수 있다.

어렸을 때 부모나 형제자매 혹은 이웃으로 받은 문제는 정신적인 문제를 가져온다고 할 수 있다. 과거에 받은 상처 등의 문제는 무의식중에 다양한 문제를 야기할 수 있다는 것이 심리학적 판단이고 이를 위하여 다양한 심리치료법이 등장했는데, 그 중의 하나가 프로이드의 정신분석 치료라 생각한다.

---

2) Ibid., pp. 47-48.

나. 융의 정신요법[3]

"융(Jung Carl Gustav, 1975-1961)은 스위스의 심리학자, 정신병학자, 바젤대학 교수, 프로이트의 정신 분석학에서 출발, 리비도의 개념을 확충하여 이것을 일종의 심적 에너지로 보았다. 사람의 성격을 외향성과 내향성의 두 유형으로 구별 또 신경질의 본질을 환자와 환경과의 부적응성(不適應性)에서 구했다."

융이 연구한 것에는 꿈의 해석과 무의식의 연구가 있으며 컴플렉스의 개념을 주장하기도 했다.

융은 심층심리학(深層心理學)에 대해서 처음부터 프로이트와 생각과 행동이 같았다는 모습을 보였다. 그러므로 프로이트의 사상을 알기도 전에 그는 '연상(聯想)테스트'에 심리를 알아보는 실험을 했다. 그러나 그는 우리의 무의식 속에 개인의 경험은 물론 우리 조상들이 겪은 체험도 들어있다고 주장했다.

융의 정신요법은 기억 상실만을 되새기는 것이 아니라 현재의 삶에 적극적으로 잘 지내도록 힘쓰게 하는 것이다.

분석에만 그치는 심리치료는 별 의미가 없다. 그런데 융의 정신분석은 현실에 잘 적응하도록 노력한다는 점은 바람직한 치료법이라고 생각한다. 이에 따라 이에 대안이 될 수 있는 웃음치료는 현실에 잘 적응하여 치료를 긍적적인 효과를 가져오는 대안 심리치료법이라고 볼 수 있다.

---

3) 캘빈 에스 홀, 「프로이트 심리학의 기본이론」(서울: 도서출판 배재서관, 1993), pp. 181-183, 188.

다. 아들러 심리치료[4]

아들러 심리치료(Adlerian psychotherapy)는 알프레트 아들러(Alfred Adler, 1870-1937)가 제창한 개인심리학에 근거한 심리치료를 의미한다. Adler도, Jung처럼, 먼저 Freud와 함께 정신분석 운동에 참여했다. 그러나 서로의 상반된 의견의 차이는 그들을 헤어지게 했다. 그 후 자신만의 이론체계인 개인심리학(individual psychology)을 주장하게 되었다. Adler는 Freud나 Jung과는 다른 것을 강조했다. 즉 각 개인의 삶에 있어서 열등감의 보상과 공동체 의식의 중요성이다.

Freud가 인간을 생물학적이고 결정론적인 관점에서 설명하고자 했으며, Adler는 사회심리학적이고 목적론적인 관점에서 인간을 이해하고자 했던 것이다. Adler에 따르면, 인간은 생물학적 성적 본능에 의해 활동하는 존재가 아니라 사회적인 관계 속에서 자신이 택한 목표와 가치를 지향하는 존재라는 것이다.

개인의 삶에 열등감은 여러 가지 문제를 가져온다. "인간은 사회적인 동물이다"라고 아리스토텔레스가 말한 것처럼 인간은 누구나 어떠한 사회 속에 살 수밖에 없다. 그러므로 사회적인 삶속에 있는 개인이 열등감을 극복하고 공동체 의식을 높이는 아들러의 심리치료는 자신이 선택한 목표와 가치를 추구하게 하는 방법이다. 이에 대한 대안으로서 웃음치료는 열등감을 해소하고 공동체 소속감을 높이는 좋은 대안 심리치료라 할 수 있다.

---

4) op. cit., 권석만, pp. 121, 122.

라. 행동치료[5]

　행동치료는 행동수정(behavior modification)이나 혹은 인지행동치료(cognitive-behavioral therapy)라고도 부르는데 일반적으로 서로 바꿔 쓸 수 있다.

　행동치료의 목적은 다른 다양한 심리치료방법처럼 내담자들의 심리문제를 해결하기 위한 것이다. 심리문제는 불안, 우울증, 대인관계의 어려움, 성기능 장애, 짜증스럽게 반복되는 생각, 즉 강박관념, 기괴한 행동(변태적 행동) 및 일상적인 생활사를 해결하지 못하는 것들을 말한다. 이러한 심리적 문제는 내담자의 개인적인 고민거리이자 주위의 모든 사람들에게 까지도 문제가 심각해지며 사회적 규범을 위반할 수 있다. 심리적 문제를 표현하기 위하여 정신질환, 정서장애, 정신병리, 이상행동과 같은 용어도 사용할 수 있지만 이와 같은 용어들은 부정적이고 병리적인 뜻을 가지고 있기 때문에 좀 더 중립적이고 정리가 된 말로서 심리적 문제, 심리적/정신적 장애, 문제 행동, 혹은 단순히 문제 등으로 사용할 필요가 있는 것이다. 행동치료의 원리와 절차는 문제 행동의 치료뿐만 아니라 그 예방, 산업 생산성 향상, 교통안전 에너지 절약문제 같은 사회적 문제를 다루게 되며 의학적 치료나 예방의 문제에도 적용되고 있다.

　불안, 우울증, 대인관계 어려움 등의 심리문제는 인간 스스로 극복하기에는 힘이 든다. 이를 위한 치료와 예방의 효과를 가져올 수 있는 행동치료는 개인은 물론 사회적으로도 긍정적인 효과를 가져올 것이다.

---

5) Michael D. Spiegler/David C. Guevremont, 「행동치료」(서울: 시그마프레스(주)), 2004. pp. 5-8.

마. <u>인간중심치료(Carl Rogers, 1902-1987)</u>[6]

만일 치료자가 일치성, 수용, 공감이 모두 다 포함된 촉진적인 분위기를 제공할 수 있고 내담자가 그런 분위기를 조금이라도 알아차릴 수 있다면, 치료적 움직임이 일어나리라는 것이 바로 로저스가 40년 이상 확고하게 지켜 온 주장이다. 로저스에 따르던 이 세 가지 조건은 효과적 치료를 위한 필요조건일 뿐만 아니라 충분조건이기도 하다. 그러한 분위기는 내담자에게 변화를 가져올 수 있게 하는 긍정적인 면으로 치료자가 취할 수 있는 가장 좋은 상황을 제공하는 바람직한 일이다.

일치성, 수용, 공감을 모두 일으키는 것도 어려운 일이라는 전제하에, 모두가 함께 일치성, 수용, 공감을 일으킬 수 있도록 발전적인 상황이 된다면 치료적 효과가 있을 것이라는 로저스의 주장을 공감한다. 대안 심리치료로서의 웃음치료를 해 오면서 이 세 가지를 경험할 수 있었기 때문이다.

바. <u>현실치료</u>[7]

정신과 의사들이 치료하고자 시도하는 것은 도대체 무엇인가? 그가 예수라고 주장하면서 정신병원에 수용되어있는 사람, 38대의 자동차를 훔치면서 소년원을 들락거리는 소년, 지독한 편두통을 계속해서 앓고 있는 부인, 학교에서 공부하기를 거부하고 울화를 터트리

---

6) Brian Thome, 「칼 로저스」, 이영희 외, (서울: 학지사, 2007), p. 105.
7) William Glasser, 「현실치료」, 김양현, (서울: 도서출판 원미사, 1995), pp. 31-33.

며 교실을 혼란스럽게 하는 아동, 비행기 타기를 두려워하기 때문에 승진의 기회를 놓칠 것이 분명한 남자, 갑자기 광포해져서 50여 명의 승객을 태우고 자동차가 흔들리도록 난폭운전을 하는 버스 운전수, 이들 모두가 지니고 있는 그릇된 점은 무엇인가.

우리가 살고 있는 세상에는 위에서 언급한 것들을 포함한 많고 다양한 문제들이 산재해 있는 것이 분명하다. 이와 같이 폭넓은 서로 다른 문제들은 과연 무엇인가, 단지 정신적인 문제인가, 아니면 영혼의 문제인가라는 문제를 낳는다. 이러한 문제들은 인간인 우리들의 모두의 해결해야만 하는 고충이라고 볼 수 있다. 그럼에도 불구하고 위에 나타난 문제들은 치유의 필요성을 갖는다고 할 수 있다. 그러한 증상이 무엇이든 일치성, 수용, 공감으로 발전할 때 그러한 문제는 없어지고 정상적인 일상으로 돌아가게 한다.

현실치료는 환우를 향하여 현재의 삶을 받아들이도록 인도해야 하고 환우가 현재의 삶을 적극적으로 살 수 있도록 하여 자신이 하고자 하는 일들을 잘할 수 있도록 인도해야 한다.

위에서 살펴본 바와 같이 심리치료는 다양하며, 세상이 존재하는 한 수많은 인간의 심리적인 문제를 해결할 수 있는 다양한 방법이 있음을 알 수 있다.

특히, Adler는 인간 행동의 가장 기본적인 목적을 열등감의 극복이라고 보았고, 열등감을 극복하고 우월성을 추구하려는 동기는 선천적인 것이라고 했다. 또한, 그는 타인의 행복을 위해 헌신하고 기여하려는 공동체 의식, 즉 사회적 관심을 정신건강의 핵심적 요인으로 여겼다.

현실치료의 윌리엄 글래서의 선택이론에 따르면, 개인의 모든 행동은 기본적 욕구를 충족시키기 위해서 그 자신이 선택하는 것인데, 인간은 다섯 가지의 기본적 욕구, 즉 생존, 사랑, 성취, 자유, 재미의 욕구를 지니며 이러한 욕구를 충족시킬 수 있는 내면적인 가상의 '좋은 세계'를 발달시킨다고 했다.

그러므로 현대에 나타나고 있는 열등감 극복, 우울증 등의 고통에서 벗어나 정신건강을 이루고 좋은 세계를 발달시키기 위하여, 이와 같은 심리치료와 함께 대안 심리치료인 웃음치료를 병행한다면 만족할 만한 치료 효과를 가져올 수 있다고 생각한다.

이와 같이 체계적인 연구로 세계적으로 검증을 받아 인정을 받은 심리치료의 종류가 많다. 그러나 아직은 그러한 좁은 의미의 심리치료의 범주에는 들어가지 않지만, 치료의 효과를 보게 되는 넓은 의미에서의 심리적 치료법들이 등장하고 있다. 그러한 부류의 심리치료 활동들을 대안 심리치료라고 할 수 있다.

현대 심리학의 동향은 절충주의와 초인성주의 모형이다.[8]

현재 요구되는 상담과 심리치료의 유형은 절충주의 모형이다. 현재 활용되고 있는 상담과 심리치료의 기법은 '정신분석이론에 의한 모형'과 '행동수정이론에 의한 모형' 그리고 인간 '실존주의 이론에 의한 모형'이라고 할 수 있다. 심리치료 전문가들로부터 인정을 받고 그들에 의해 활용되어지고 있는 이론이라고 할지라도 인간의 초인성적 영성(超人性的 靈性)을 다루는 데는 제한점이 있다. 그래서 결국 기존의 이론들이 내포하고 있는 문제점을 보다 과학적으로 발전시키기 위하여 지금까지 심리치료 분야에서 무관해 온 인간의 영

---

8) 김종환, 「상담사역론」(서울: 서울신학대학교 상담대학원 카운슬링센터, 2000), pp. 133-135.

적 차원을 중시하는 심리치료의 제4학파 초 인성주의 모형(超人性
主義 模型/ Transpersonalism)이 나타나게 되었다.

초인성주의는 영혼에 대한 경험을 중요시하여 그 경험을 바탕으
로 사람의 마음을 새로운 각도로 치유하고자 하는 것이라고 할 수
있다. 즉 초월적인 경험을 가진 사람이 그러한 경험을 통하여 오는
초월적 힘으로 사람을 치유하는 것이라 생각된다. 현재의 심리치료
는 여러 가지 복합적인 요소를 가지고 있기 때문에 다양하고 복합
적인 심리치료의 방법들을 필요로 한다.

이상에서 살펴본 바와 같이 전통적인 심리치료, 즉 정신분석이론
과 기법, 행동수정이론, 인간-실존주의 등을 들 수 있다. 전통적인
심리치료는 전인적인 치료의 한계성 등 여러 가지 제한점이 발생한
다. 그러므로 현재 관련된 학자들 가운데 초인성주의나 절충주의적
심리치료의 필요성이 요구된다는 말에 공감하며, 더 나아가 이에 대
한 대안이 될 수 있는 것은 대안 심리치료로서의 웃음치료라 할 수
있다.

한편, 대안 심리치료는 일반적인 심리치료나 한계상황에 처할 수
도 있는 현대 의학에 비해 자연스럽고 유연한 치료의 방법이라고
할 수 있다. 대안 심리치료와 유사한 개념인 대체의학에 대한 개념
을 살펴보면 대안 심리치료에 대한 이해를 도울 수 있다.

대체의학이란9) 현대의학의 한계상황을 대체 또는 대안하기 위한
의학을 의미한다. 여기서 한계상황이란 한계 의학이 너무 세분화되
고 전문화되어 병든 환자의 몸을 유기체(有機體)로 인식하지 않고

---

9) 박용빈, 「웃음 치료완전정복: 신나는 웃음치유길라잡이」(서울: 21세기사, 2007), pp. 92, 93, 95.

질병 자체만을 보거나 자동차의 기계 부품처럼 인체를 나누어 생각하는 경향, 그리고 고통에 고통을 더하는 진단과정, 공격적이고 위험을 내포한 치료 방법의 시행, 비일비재하게 나타나는 약물의 부작용과 축적되는 다양한 독성반응 등 수많은 문제들이 그 예가 된다. 그리하여 이러한 현재 현대의학의 한계 상황을 대체하고 보완해야 한다는 주장은 미국에서 먼저 일어났고, 인체를 새롭게 바라보는 치료 방안들이 서서히 부상하게 되었다. 이에 관하여 살펴보면 카이로프락틱(Chiropractic) 요법, 에너지의학(Energy Medicine), 전인적 치료법(Wholistic Treatment), 양자의학(Quantum Medicine), 파동의학(Vibrational Medicine) 등의 여러 명칭으로 불리는데 이러한 의학체계를 혼합하여 미국에서는 대체의학(Alternative Medicine), 영국에서는 보완의학(Complementary Medicine), 프랑스에서는 선택 의학(選擇醫學), 사람에 따라서 전체의학(Totalistic Medicine), 또는 대안의학(代案醫學)이라고 부르고 있으며, 화학적인 의약품보다는 자연적이거나 자연산물에서 만들어진 것을 사용한다. 그러므로 웃음치료는 대안의학이나 대안 심리치료가 될 수 있다고 생각한다.

이와 같이 대체의학은 현대의학을 보완하여 부작용은 줄여주고 치료의 효과를 높여주는 좋은 도구이며 이를 위하여 현재 확산되고 있는 웃음치료 운동은 이 시대에 꼭 필요한 넓은 의미의 대체의학이라고 할 수 있다. 그 예로서, 우리나라를 비롯한 많은 나라 사람들이 웃음을 통하여 인류의 가장 큰 병중의 하나인 암을 치유 받았다는 것이다. 그러므로 대안심료치료로서의 웃음치료의 효과는 크다고 할 수 있다. 암에 걸린 자들은 큰 두려움에 산다고 한다. 그 두려움 중에는 고통, 죽음을 들 수 있다. 그런데 그 보다 더 큰 걱정은

막대한 돈이라고 했다. 그런 의미에서 웃음치료는 암을 치유하고 예방하기 때문에 여러 가지 장점을 가지고 있는 셈이다. 그러므로 정부나 센터장들은 웃음치료를 위한 웃음치료사들을 더 많이 배출하고 그들이 설 자리를 많이 만들어 나가야 할 것이다. 웃음치료사들도 더 연구하고 더 훌륭한 웃음치료사가 되도록 노력을 아끼지 않아야 한다.

자연치유학 류종훈 박사는 대체의학(자연치유학)의 역사10)에 대하여 대체의학과 자연치유의학은 인간의 병을 개별적인 시각이 아니라 통괄적으로 보면서 개별적인 상태가 개별적인 것에 속하면서도 개별적인 것 속에 총체적인 것으로 인식한다. 이는 마음과 몸을 조절하여 하나를 이룰 수 있도록 서로 보완해주어 자연이 주는 이익을 받아 현 의학에서 발생하는 문제들 없이 치료하게 하는 대체의학이다. 이런 부류의 의학은 자연스럽게 몸과 마음을 치유하게 만들어 준다. 이는 스스로 치유하게 되는 것을 뜻한다. 모든 치료가 이에 해당되겠지만 치료의 활동 후에 발생하는 것은 치유와 완화, 지연 등의 결과를 볼 수 있다.

인간의 병은 전인적인 경우가 많다고 할 수 있다. 몸이 아프면 정신적으로도 문제가 되기 때문이다. 그것은 영적으로도 문제가 될 수도 있다. 인간의 전인적인 병은 대안 심리치료인 웃음치료를 통하여 극복할 수 있는 경우가 많다. 웃음은 육체적인 운동과 심리적인 기쁨은 물론 영적인 안정성을 갖게 하기 때문이다. 웃음은 우리 몸 안에 엔돌핀, 엔케팔린, 도파민 등 행복 호르몬의 생성으로 자연복구

---

10) 류종훈, 「대체의학과 건강관리」(서울: 학문사, 2002), pp. 13-16.

력 혹은 자연치유력, 항상성을 갖게 됨이 확실하다.

'자연치유의학(Naturopathic Medicine)'이란 용어는 베네딕트 러스트라는 미국의 의학자에 의해 명명되었으며, '자연치료(Naturopathy)'란 용어를 규정한 19세기 엘린 G. 화잇은 「치료봉사」에서 하나님께서 자연을 통해 허락하신 여덟 가지 참된 치료제들 즉, 깨끗한 공기, 햇빛, 절제, 휴식, 운동, 적당한 식생활, 좋은 물과 하나님의 능력을 신뢰하는 것이 옳다고 하였는데, 이것은 천지를 창조하신 하나님의 선물이라 할 수 있다. 이에 열거한 거의 모든 것이 무료로 즐길 수 있다는 특징이 있다. 더 나아가 1978년 봄 미국 켈리포니아 북부에 위치한 위마(Weimar)대학에서 각종 성인병 환자들을 대상으로 생활교육을 하는 건강 세미나가 개최 되었을 때에도 이 세미나에 참가했던 환자들은 화잇이 말한 여덟 가지 천연치료제들의 영어 머리 글자로 'NEWSTART'란 단어를 만들어 사용하여 건강하게 살려면 어떠한 삶을 사는 것이 유익한지를 보여주는 것이라 할 수 있었다. 'NEWSTART' 즉, "① Nutrition(자연 건강식) ② Exercise (알맞은 운동) ③ Water(깨끗한 물) ④ Sunshine (따뜻한 햇볕) ⑤ Temperance (절제의 생활) ⑥ Air(맑은 공기) ⑦ Rest(적당한 휴식) ⑧ Trust in god(하나님을 신뢰함)"인데 이것은 자연이 주는 능력을 나타내며 인류에 죄가 들어와 잃어버린 하나님의 선물을 다시 찾는 효과를 가져 오는 것이라 할 수 있다.

이와 같이 대체의학(대안치료)에서 전인적 치료법을 들었는데, 웃음치료는 전인적인 대안 심리치료라고 할 수 있다. 현대 의학은 치료의 한계, 약물의 부작용 및 독성의 축적 등 문제점과 한계를 가지고 있기 때문에 이러한 수많은 문제점을 보완하기 위해서 대체의학이 필요하며 대체 의료계의 많은 이들 특히 웃음치료들이 이러한 일들을 위하여 더욱 노력해야 함을 생각하게 한다.

자연치유학 류종훈 박사는 대체의학(자연치유학)의 역사에서 대체의학과 자연치유의학은 인간의 병을 부분적으로 보지 않고 전체적으로 보면서 각 실체가 하나의 부분임과 동시에 하나 속의 전체라는 개념으로 파악한다고 했다. 부작용 없이 치유하는 의학이 대체의학(대안치료)이라고 했다.

위에서 하나님이 우리 인간에게 선물로 주신 여덟 가지 건강 원칙 'NEWSTART' 즉, 자연치유는 무절제로 잃어버린 하나님의 형상을 인간 안에서 회복하는 것이라고 말했는데, 이 여덟 가지 건강 원칙 중 웃음치료 활동은 "② 알맞은 운동 ⑤ 절제의 생활 ⑥ 맑은 공기 ⑦ 적당한 휴식 ⑧ 하나님을 신뢰함"이 해당된다고 생각한다.

알맞은 운동은, 우리 몸에는 650개의 근육이 있는데, 그 중에 웃을 때는 231개의 근육이 움직이므로 알맞은 운동이 된다는 것이다.

절제의 생활은, 웃고 살기 위해서는 분노하거나 슬픈 일을 잘 참고 인내해야 하기 때문에 절제의 생활이 될 수 있다.

맑은 공기는, 웃을 때 우리 몸 안에 있는 나쁜 독소가 빠져나오고 신선한 공기 즉 맑은 공기가 순간적으로 들어가기 때문이다.

적당한 휴식은, 웃음치료 활동은 적당한 휴식시간 같은 분위기에서 이루어지기 때문이다.

하나님을 신뢰함은, 하나님을 신뢰하기 때문에 어떠한 상황에서도 기쁘게 웃을 수 있고, 말씀을 믿기 때문에 웃을 수 있는 여유를 가질 수 있기 때문이다.

2) 대안 심리치료의 특징

가. 대안 심리치료의 필요성[11]

현대의학은 참으로 많은 발전을 해왔다. 대부분의 병에 대하여 순간적이고 신속한 효과를 가져왔다. 반면에 화학약물 투여 및 증상 치료는 부작용의 악순환이 계속되는 결과도 가져왔다고 할 수 있다. 그러나 현대의학의 아버지라 부르는 히포크라테스가 "인체의 병을 낫게 하는 진짜의 약은 지금까지 우리가 사용하는 약물이 아니라 음식물 이다"라고 한 것처럼 약 보다는 음식이 중요한 것임을 알 수 있다. 그러므로 건강을 지킬 수 있는 가장 좋은 방법은 좋은 음식, 적당한 운동, 휴식, 몸에 좋은 청결한 물, 삶의 원천인 햇빛, 청정한 공기라 할 수 있다. 우리는 거기에 더하여 기쁘고 행복한 삶과 건강에 유익한 대안심리 치료로서의 웃음치료의 필요성이 대두 된다.

하나님은 사랑이시다. 몸에 좋은 청결한 물, 삶의 원천인 햇빛, 청정한 공기 등을 주셨다. 이 모든 것은 우리들의 삶의 근원이며 복인 것이다. 우리의 삶에 가장 필수적인 것이다. 무엇보다 이 모든 것은 무료라는 사실이다.

사회적 동물인 인간은 영·혼·육간의 질병을 가지고 살아간다. 이에 대한 수많은 치료법들이 있지만 가장 좋은 방법은 대체의학(대안치료)이라고 할 수 있다. 대체의학(대안치료)은 부작용이 거의 없이 자연치유력의 영향으로 치유와 건강 그리고 병에 대한 예방효

---

11) Ibid., pp. 25-27.

39

과를 가져오기 때문이다. 그러므로 병이 들거나 약해지면 병원에서 진찰과 치료도 받아야 하겠지만, 대체의학(대안치료)을 통해 문제를 해결하는 것이 더 좋다는 것을 알 수 있다. 여기에 대안 심리치료의 필요성이 있다.

나. 대안 심리치료의 특징[12]

"마음의 즐거움은 얼굴을 빛나게 하여도 마음의 근심은 심령을 상하게 하느니라(잠15:13)"

마음의 즐거움은 얼굴을 빛나게 한다. 마음이 즐거우면 평안을 가져오고 좋은 관계가 형성된다. 그러므로 얼굴도 펴지며 즐거운 마음은 얼굴표정에서 나타나므로 얼굴을 빛나게 한다고 볼 때, 웃음치료는 마음의 즐거움과 육체의 건강을 비롯한 영적 즐거움으로 나타나 전인적인 치유효과를 가져오는 것이다.

사람들의 삶에 고통을 안겨다 주는 수많은 병들은 악성 균들과 잘못된 생활 방식의 때문에 야기된다. 대부분 악성 균들은 개발도상국이나 가난한 나라들에서 나타나며, 잘못된 생활 방식 때문에 야기된 병들은 주로 잘사는 나라에서 발병한다고 볼 수 있다. 그러나 못살고 개발도상국에 나타나는 병들은 인류의학의 발달로 최저 수준의 치료효과는 넘어선 것으로 판단할 수 있다. 그러나 잘사는 나라들에 나타나는 질병들은 모든 인간들의 복지와 기쁨을 빼앗아 가는 상황으로 치닫고 있는 현실이다.

---

12) Ibid., pp. 30, 31.

잘못된 생활방식에서 나타난 병들은 생활태도를 바꾸고 인간의 삶 속에서 치료가 일어나야 한다. 그러므로 자연치유는 병에 대한 가장 좋은 대안이 아닐 수 없다. 요즘의 대중을 상대로 펼쳐지는 의학은 편리한 점은 있으나 한계가 있다는 단점이 있어왔다. 그러므로 생활방식에서 야기되는 병들은 반드시 생활 태도를 개선하는 것으로 고쳐나가야 한다. 잘못된 습관은 질병을 가져오고 잘못된 질병은 올바른 생활태도로 고쳐야 한다는 점을 중시하여 올바른 삶으로 건강을 유지하고 치유보다 예방을 위하여 힘써야 할 때라고 생각한다. 최선의 공격이 최선의 방어라는 말이 있듯이 올바른 생활방식으로 건강한 삶의 태도를 견지하여 병에 걸리지 않을 뿐 아니라 행복하고 건강한 삶을 살아야 할 것이다. 웃음치료야말로 건강을 위한 최선의 공격이라 할 수 있다.

현재 우리나라의 상황은 선진국의 대열에서 합류하고 있다. 그로 인해 선진국형 질병, 즉 육체적인 질병보다 심리적(정신적)·영적 병이 더 늘어나는 추세에 있다. 그러므로 부작용이 많은 정통의학보다는 대체의학(대안치료)이 더 안정적이고 효과적인 치료법이라 할 수 있다. 특별히 대체의학을 자연치유의학이라고 할 수 있는데, 우리 몸에 발생한 병의 치료만 생각할 것이 아니라 거기에 따른 영·혼 즉, 전인적이고 근원적인 치유를 해야 한다는 전제아래 대체의학(자연치유의학)의 필요성을 갖게 하며 동시에 이러한 대체의학의 장점은 대안 심리치료의 특징이라고 할 수 있다.

02

대안 심리치료의 종류와 방법

1) 대안 심리치료의 종류

대략적으로 현대 심리 치료자들이 다양한 치료 방법을 사용해 왔다고 한다. 정서적 획득, 설득, 조건 형성 절차, 이완 훈련, 역할 연기, 약물 치료, 바이오피드백, 집단 치료 등이 그것이다. 치료 방법의 유형은 약 250가지 이상이 있는데, 치료에 대한 접근은 크게 세 가지로 구분하면 통찰 치료, 행동 치료, 생물의학적 치료 등으로 나눌 수 있다고 한다.

가. 통찰 치료

프로이트의 정신분석적 치료에서 나타난 것으로, 많은 사람들이 심리치료에 대해 말하면 대게 이 치료적 방식을 말한다. 통찰 치료는 200여 가지로 구분되는데, 그 가운데 대표적인 것이 정신분석, 내담자(환자) 중심 치료, 인지 치료 및 집단 치료이다.

통찰치료는 복합적인 치유를 가져올 수 있는데, 가장 웃음치료에 적용할 수 있는 치료를 들면 집단치료라 할 수 있다. 웃음이 장애를 가진 자들에게 치유와 완화의 효과를 가져 오는데, 웃음은 30명 정도의 다수가 함께 웃을 때 더 나은 치료의 효과를 가져 온다고 한다.

나. 행동 치료

학습 원리에 기반을 두고 있다. 행동 치료자들은 그 행동이 나도 모르게 자연스럽게 나오는 문제인지 혹은 부모의 영향으로 나온 것인지에 신경을 쓰는 것 보다 문제에 대한 적응과 나쁜 관습을 곧바로 고쳐주려는 행동의 개선을 시도한다.

다. 생물학적 치료

심적 문제와 관계가 있는 문제를 줄여주기 위해서 생리학적 방법을 처방하는 것으로써 각자의 생물학적 과정에 곧바로 영향을 준다. 가장 많이 사용하는 치료로서 약물 치료와 전기 충격 치료이다. 이는 전문적인 치료에 속하기 때문에 정신과 의사들에만 할 수 있는 권한이 있다.

그 밖의 넓은 의미에서의 심리치료의 종류로는 놀이 치료, 미술 치료, 음악 치료, 독서 치료, 연극치료 등을 꼽을 수 있다.[1]

이 밖에도 대체의학의 종류[2]를 열거하면, 심항상성을 촉진 – 필자가 가장 중요시하는 웃음치료, 몸의 자세의 균형(척추균형) - 카이로프락틱, 치유가 될 수 있는 냄새를 이용(후각) - 아마테라피(향기요법), 다양한 소리이용(청각) - 음악치료, 자연의 소리(새 소리, 물 흐르는 소리, 바람 소리 등), 시각이용(시각) - 색채치료, 미술치료, 칼라치료, 다양한 음식 미각이용(미각) - 식이치료, 채식, 영양요법, 몸의 촉각이용(촉각) - 스웨덴식, 핀란드식 마사지, 압박이용(압박) - 일본식 마사지, 몸의 기의 순환이용(자극) - 침구치료, 부항, 추나, 괄사요법, 발통점 치료, 인체의 균형을 이용(인체발란스) - 테이핑 요법 등이 있다.

---

1) 다음 통합검색 「위키 백과사전」 "심리치료의 종류" 2017. 08. 02 pm. 09:57.
2) 박용빈, 「웃음 치료완전정복: 신나는 웃음치유길라잡이」(서울: 21세기사, 2007), pp. 96, 97.

본고에서 대안 심리치료(대체의학)로서 심항상성을 조화시킬 수 있는 방법이 바로 웃음치료라는 사실을 발견할 수 있다. 인간의 몸은 전인적인 치유가 요구된다고 했는데, 모든 상황에서 협력하여 좋은 치유효과를 극대화를 추구해야 할 것이며, 그 중의 웃음치료는 그러한 목적에 맞는 대안 심리치료(넓은 의미의 대체의학)라 생각된다.

자연치유학 류종훈 박사는 대체의학(자연치유학)의 종류[3])에 대하여 다음과 같이 말하였다.

활용할 수 있는 대체의학으로 하는 건강요법 등은 200여 종류가 있다고 한다. 그 중의 대표적인 대체요법으로는 ① 천연약초요범 ② 수(水) 치료법 ③ 교정 활법 ④ 카이로 프락틱(Chiro Practic) ⑤ 스포츠 마사지법 ⑥ 운동 처방법 ⑦ 경락 마사지법 ⑧ 동종 요법(Homeo Pathy) ⑨ 예방 및 생활 습관 절제용법 ⑩ 동양의학 및 침술학 ⑪ 아로마(향)요법(Aroma Therapy) ⑫ 요가 수행법 ⑬ 기공요법(기공사) ⑭ 심령 치료술(Psuchic Healing): 심령 치료사 ⑮ 마인드 콘트롤(Mind Control) ⑯ 인디언요법(인디언판 민간요법) ⑰ 수정 요법(Crystal) ⑱ 음악요법(Music Healing) ⑲ 색체요법(Color Therapy) ⑳ 임상 식이요법 ㉑ 천연 치료 활용법(자연치유 요법) 등을 들 수 있다.

이처럼 다양한 대체의학들이 존재하지만 나름대로 다 장단점이 있다고 생각한다. 모든 사람들이 다양한 건강요법들을 다 시행하기는 어려울 것이다. 여기에 우리는 가장 적절하고 시행하기 쉽고 효

---

3) 류종훈, 「대체의학과 건강관리」(서울: 학문사, 2002), pp. 20-21.

과가 나타나는 건강요법들을 개발해 나아가야 할 것이다. 이에 대하여 웃음치료에 대한 효과성을 주목해야 한다고 생각한다.

다양한 대체의학 혹은 대안 심리치료는 같은 개념이라고 볼 수 있으며 웃음치료와 함께 할 수 있는 대표적인 음악치료와 미술치료는 무엇인가를 살펴보도록 한다.

웃음치료 프로그램을 실시할 때, 웃음치료사의 역량에 따라 잘 할 수 있는 장점, 즉 음악을 잘하면 음악적인 요소를, 미술을 잘하면 미술적인 요소를 사용하는 것 등은 좋은 방법이라고 할 수 있다.

음악치료(Music therapy)는 많은 시간이 흐르는 동안 수많은 정의가 내려져 왔다. 그 중의 학자들의 정의는 "음악치료가 음악으로 치료를 받는 대상자의 건강을 위하여 음악 치료사가 음악적 경험과 음악적 요소를 사용하여 능력있는 경험을 제공하여 심적 변화를 가져올 수 있는 기획된 치료활동"이라고 했다. 이러한 정의는 대상자, 음악치료사, 음악적 경험, 음악적 치료활동이 요구된다는 것을 알 수 있다.

음악치료는 학문적 부분과 전문적 부분으로 이루어진다. 학문적 부분은 이론과 실제로 이루어지며 음악치료사가 음악치료 대상자의 온전한 치유를 가져올 수 있도록 하는 음악을 활용하는 절차에 치료의 중심을 둔다. 그리고 전문적 부분에서의 음악치료는 학문적 부분의 치료를 서로 견지하며 이것을 활용함으로써 더 위로 발전하게 하는 전문 음악치료사가 된다.

학문 연구는 대상자 중심의 연구라면, 전문 연구는 음악치료사들을 중심으로 한 연구이다.[4] 그러므로 주로 학문 연구를 웃음치료에 적용하면 학문 연구는 프로그램 연구라 할 수 있으며 전문연구는 웃음치료사 자질을 위한 연구라 할 수 있다.

필자는 웃음치료 프로그램을 음악과 치료레크리에션을 함께 병행하여 실시해 왔다. 하모니카, 기타, 해금, 클라리넷 등을 사용하고 있으며, 풍선이나 신문 등 기타 물품들을 이용하여 레크리에이션을 진행해왔다. 웃음치료 활동에 레크리에이션이나 음악적인 요소가 들어가면 더 좋은 분위기와 감동을 받는 효과를 가져 온다.

웃음치료 프로그램을 진행할 때 음악적인 요소가 함께하면 치료 효과가 더 크다고 볼 때 음악치료전략을 소개하면 다음과 같다. 기타 반주와 율동할 수 있는 도우미를 세운다.

· 퐁당퐁당을 부르며 준비운동을 한다.
· 나의 살던 고향은 음악에 맞추어 스트레칭을 한다.
· 과수원길을 부르며 뇌체조를 한다.
· 송아지를 부르며 평화로운 마음을 갖게 한다..
· 아리랑을 부르며 자존감을 갖게 한다.
· 내게 강 같은 평화를 부르며 마음의 평안을 갖도록 한다.
· 구주의 십자가 보혈로 찬양하여 내면의 힘을 높인다.
· 애국가를 부르며 나라를 사랑하는 마음을 고취시킨다.

웃음치료에서의 음악의 활용은 좋은 결과를 가져올 수 있다. 고향을 생각할 수 있는 고향의 봄, 고향 땅, 과수원길 등의 노래들은 좋은 감정과 분위기를 만들어 낸다. 나라를 사랑할 수 있게 만드는 것으로는 애국가, 우리 민족들이 사랑하고 애창하는 아리랑 등이 있다. 신앙심을 키워주는 찬송가나 복음성가도 활용한다. 합창을 하거

---

4) Barbara L. Wheeler 외, 「음악치료 연구」, 정현주 외, (서울: 학지사, 2004), pp. 33, 34.

나 기타나 하모니카 등의 악기와 함께, 율동과 함께 하면 더 효과가 클 수 있다.

음악치료에서도 서로 병행할 때 시너지 효과를 언급하고 있다. 웃음치료 시간에 색칠을 하는 분들이 있다. 한 가지 프로그램에 집중을 못하는 단점이 있지만 개인만 생각한다면 시너지 효과는 발생하게 된다는 것을 알 수 있다.

음악은 모든 집단 구성원들이 수많은 변동을 가져오는 시점에서 가져올 수 있는 스트레스를 줄여줄 수 있도록 활용되었다. 그럼에도 불구하고 치료를 받고 있는 구성원들은 음악치료 활동이 그들에게 큰 도움이 될 수 있지만 짜증과 불만의 요소가 있을 수 있음은 치료의 어려움을 가져온다고 할 수 있다. 성경의 다윗은 악귀가 들인 사울 왕 앞에서 하프를 치며 노래를 불렀다. 그 때마다 사울 왕을 괴롭히던 악귀는 떠나가고 음악으로 치유를 받았다. 그와 마찬가지로 음악 치료사들의 음악활동은 그때 마다 나타나는 불안한 증세를 완화해 왔다고 했다.

음악치료사들은 먼저 대상자들이 느끼는 상황에 맞는 음악을 곧바로 연주할 수 있는 능력을 가지고 있어야 한다. 그리고 이 곧바로 연주된 음악의 양태는 사용하는 말로 소통되는 느낌의 성질을 전달하고 말로 나타낼 수 없었던 것을 대신하는 결과를 가져온다.[5]

음악치료에서 여러 가지 종류의 음악을 활용하면 좋은 분위기와 서로 좋은 관계를 만들어 내고, 서로 성원하고 하나 되는 모습을 볼 수 있다. 이들에게서 나타난 흐름은 희락, 사랑, 즐거움으로 나타났다.

---

5) Ibid., pp. 362, 363.

위에서 살펴 본대로 음악은 모든 그룹의 긴장을 완화해 주고 행동을 변화시키는데 기여한다. 그리고 언어적으로 표현될 수 없었던 것을 보상하는 역할을 하는 효과를 가져 온다고 요약할 수 있다.

성경에도 음악(악기연주)으로 병이 낫게 한 음악치료의 내용이 기록되어 있음을 알 수 있다.

> "하나님의 부리신 악신이 사울에게 이를 때에 다윗이 수금을 취하여 손으로 탄즉 사울이 상쾌하여 낫고 악신은 그에게서 떠나더라(삼상 16:23)"

물론 하나님의 강권적인 역사였지만, 웃음치료 프로그램을 진행하는 동안에 음악적인 요소를 가미하면 그곳에 참여한 공동체들의 기쁨과 함께 긍정적인 반응을 체험할 수 있었다. 또한 미술치료에 대한 자료를 살펴보면 다음과 같다.

미술치료에서 정여주는 미술치료란 무엇인가에 관하여 미술은 무엇인가와 치료는 무엇인가 그리고 미술치료는 무엇인가에 대한 확실한 뜻을 아는 것의 중요성을 말했다. 미술치료는 서로 각 부분으로서 서로 더해졌을 때 성립된다. 미술은 태초부터 지금까지 모든 사람들의 과거 모든 일들과 함께 태동하여 사람들의 역사를 발전시켜온 예술 활동으로서, 사람들의 생활과 아주 가까운 연관성을 가져왔다. 미술은 사람들의 창조의 힘과 필요를 모든 세대에 보여주며 많은 분야에서 미적 감동을 주기에 충분하였다. 그리고 미술적 행동은 사람들이 생활하면서 느끼며 나아갈 수 있는 힘을 주고 미적 감동에 눈물을 보여주는 등의 효과를 가져왔다.

유럽의 게슈탈트 치료영역을 대표하고 있는 페촐트(Petzold)는 미술치료가 다른 치료활동에 비해 비교적 낮은 평가를 해왔다고 볼수 있다. 특별히 그는 미술치료보다 높은 개념으로 예술치료를 주장하였다고 할 수 있다. 그는 예술치료를 "창의적 매체와 중간적 매체인 예술심리치료를 사용하는 통합적 치료의 의미로 받아들여진다."라고 하여 미술치료와 예술치료의 관계를 넓은 의미의 예술치료로 정리했다. 그러므로 예술치료는 전인적이며, 삶에서 의식을 갖거나의식을 갖지 않거나에 힘을 쏟으며 모든 분야에서 관계를 이루어발전하는 전체적이고 총체적인 예술의 나아갈 방향을 적당하게 사용하므로써, 도움을 주어 병을 치료하며 지연시키고 사람들의 자질을 위한 노력과 더 나은 삶을 위한 것을 목표로 삼는 것이다. 그러므로 미술치료의 뜻은 예술치료와 함께 쓰일 수 있는 것이다.6)

이 중에서 특히, 미술은 인류의 역사와 함께 시작되었고 그것은인간의 문화적·사회적·인격적 발달과정을 증명하고 있는 예술로서 인간의 삶과 밀접한 관계를 지니고 있다는 말에 공감하며, 미술은 삶에 대한 용기와 의리를 키우는데 기여했다는 말도 새겨들을만하다.

미술치료는 미술과 치료의 접목을 의미하는데, 학자마다 다양한의견이 있지만 델라(Dalley)의 미술치료에 대한 정의를 살펴보면"미술치료란 치료적 틀 안에서 미술과 다른 시각적 매체를 사용하는 것"이라는 말이 가장 타당하다고 생각된다.

미술치료 계획과 대상을 소개한다.

미술치료 계획은 미술치료를 잘하기 위해 꼭 필요한 처음 단계라

---

6) 정여주, 「미술치료의 이해」(서울: 학지사, 2003), pp. 13-15.

고 할 수 있다. 첫 단추를 끼우는 것처럼 주요한 일인 것이다. 첫 시작은 주도면밀하게 중요성을 인식하고 계획을 세워야 한다. 이러한 과정을 거치면서 미술치료의 전반적인 흐름이 잘 이루어질 수 있는 것이다. 모든 활동이 그렇지만 미술치료의 기획과 실행은 미술치료사의 현 상태와 관계가 많기 때문에, 미술치료사의 해박하고 수많은 시각과 체험이 요구된다. 이와 같은 기획과 실행은 많은 변수와 융통성의 필요성이 있기 때문에 치료를 받는 사람과 무슨 질병이나 상황에 의해서 바뀔 수 있다는 것을 알아야 한다.

치료를 받는 사람들은 주로 정상적인 삶을 살기 어려운 약자들로서 의원이나 병원에서 질병에 대한 판단을 받은 자들과 그에 준하는 증세를 가진 사람들이다. 그리고 병에 대한 문제가 있는 어린이부터 노인에 이르기까지 미술치료를 받는다는 것은 일상처럼 되고 있다. 이들은 병적 문제를 나열하면 "정신분열, 학대아동 및 청소년, 성적학대 피해자, 에이즈, 우울증, 노이로제, 강박증, 유아기장애, 중독증(약물, 알코올), 대인기피증, 무력증, 장기입원환자, 노인성 질병, 직업병, 정신 신체 질환 등"이 있음을 알 수 있다.7)

미술치료는 누가 받느냐는 먼저 환우를 직접 만나거나 전문기관에서 판단하여 미술치료사에게 맡겨지는 것이 대부분이다. 미술치료를 받아야 할 자들은 유치부에서부터 노인부 전체가 된다.

정여주 저 「미술치료의 이해」에는 60가지의 미술치료의 실제를 실어놓았다. 그 중에 3가지만 소개하며, 4~60가지는 제목만을 기술하지만 웃음치료와 함께 미술치료를 위한 개략적인 상황을 살펴

---

7) Ibid., pp. 183-185.

보면 다음과 같다.

미술치료 실제[8]

1. 이름 그리기

· 대상: 아동, 청소년, 성인, 개인, 집단
· 목적:
- 초기 치료에서의 낯설음이나 어색함을 감소시킨다.
- 자신을 소개한다. 자신의 존재, 정체성, 가족, 사회적 관계를 의
  식한다.
· 적용 시기: 초기
· 켄트지, 그림 도구
· 시간: 60분
· 활동:
- 치료사는 도입단계를 적절하게 시도한다.
- 자신의 성과 이름을 그림으로 그린다.
- 자신의 별명이나 애칭, 예명을 그려도 된다.
- 참가자들은 그림을 그린 후에, 그림을 모아두고 둘러앉아서 각
  자 자신의 그림으로 자기를 소개한다.
- 이름 그림에 나타난 상징이나 의미에 대해서 질문을 하거나 느
  낌을 나눈다.

---

8) Ibid., pp. 263-355.

웃음치료 시 적절한 시간을 할애하여 실시한다. 자기 자신을 소개할 때 감동되는 부분에는 웃음치료사가 그 이유를 설명하고 함께 박장대소를 한다.

2. 이름놀이

· 대상: 아동, 청소년, 성인, 개인, 집단
· 목적:
- 초기 치료에서의 어색함이나 낯 설움을 감소시킨다.
- 이름놀이 활동을 통하여 자신의 정체성을 의식한다.
- 자신의 존재, 타인과의 관계, 가족관계, 심리적 특성을 의식한다.
· 적용시기: 초기
· 재료: 켄트지, 그림도구, 연필 혹은 볼펜
· 시간: 60분
· 활동:
- 검은색 연필이나 볼펜으로 자신의 이름을 쓴다. 한 자 한 자를 쓸 때마다 필기도구를 종이에서 떼지 않은 채 연결하여 쓴다.
- 본래의 이름대신 별명, 애칭, 소원하는 이름, 예명 등을 적어도 된다.
- 마지막 이름을 쓴 다음에 필기도구를 종이에서 떼지 말고, 남은 공간에 계속하여 자신의 기분대로 선을 그어나간다.
- 스스로 작업이 끝났다고 생각하면 멈춘다.
- 작업을 마친 후에 참가자들은 둘러앉아서 그림을 모아두고, 각자 자신의 작업을 매개로 하여 자기를 소개한다.

- 이름그림에 나타난 상징이나 의미에 대해서 서로 질문을 하
거나 느낌을 나눈다.

위의 요령처럼 자기 소개를 한다든지 질문에 대한 대답과 느낌을
듣고 그에 대한 이유를 들어, 모두 박장대소 한다.

3. 자기소개

・대상: 아동, 청소년, 성인, 집단
・목적:
- 집단에서 자신의 이름, 관심, 관계, 성향에 대해 소개한다.
- 집단원의 성향과 특징을 빠른 시간에 파악할 수 있다.
- 자신의 성향과 특성에 대해서 스스로 인식할 수 있다.
・적용시기: 초기
・재료: 켄트지, 미술도구, 다양한 잡지, 풀, 가위
・시간: 60분
・활동:
- 각자 켄트지에 자신의 이름과 자신을 나타낼 수 있는 모든 것을
  그림으로 그린다. 여기에는 자신의 관심사, 가족관계, 친구, 취
  미 등이 표현된다.
- 그림으로 표현하고 싶지 않으면 콜라주로 할 수 있다.
- 작업을 모두 모아놓고 감상을 한 후에, 서로 느낌을 이야기한다.
4. 첫인상 그리기 5. 첫 만남 6. 푸른 색 실을 통한 자기소개
7. 왼손으로 그리기 8. 감정 그리기 9. 둘이서 그리기 10. 가장

중요한 존재 11. 선물 12. 문 13. 점토놀이 14. 나의 어린 시절 15. 자화상과 초상화 16. 대화하는 그림 17. 삶의 파노라마 18. 생각 나누기 19. 가족의 소원 20. 가족의 기억

이와 같이 심리치료 혹은 대안 심리치료에 대하여 구체적으로 살펴봤다. 웃음치료, 음악치료, 미술치료는 합력하여 치유 효과를 극대화 할 수 있는 방법이라 생각된다. 특히 음악치료는 음악을 통하여 마음의 상태를 조절하며, 미술치료도 마찬가지로 보는 순간 웃음과 감동을 주는 그림이나 사진 등을 통하여 심리적 기쁨과 치유를 가져올 수 있을 것이다. 본 논문에서 논하고자 하는 것은 바로 대안 심리치료로서의 웃음치료이다. 가장 좋은 대체의학 혹은 대안 심리치료 중의 하나가 '웃음치료'라고 생각한다.

"웃음치료란" III장에서 좀 더 구체적으로 살펴보겠지만,

a) 웃음치료란[9] 웃음을 통한 치료를 말한다. 몸과 마음 그리고 사회활동, 문화활동 등으로 약화된 상태를 웃음을 도구로 치유하는 것을 말한다.

주로 주간노인보호소 어르신들을 대상으로 웃음치료사로 활동해 오면서 차츰차츰 기쁨과 함께 긍정적인 소통이 이루어짐을 느끼게 되었고, 밝은 모습으로 맞아들이는 대상자들이 늘어났다. 다소 차이는 있으나 신체적, 정서적, 정신적, 사회적, 문화적으로 호전되는 것을 보게 되었다.

b) 웃음치유 대상과 장소는 숨을 쉬고 있는 모든 사람들이 그 대

---

9) 박용빈, 「웃음 치료완전정복: 신나는 웃음치유길라잡이」(서울: 21세기사, 2007), pp. 50, 51.

상이고 살고 있는 모든 곳에서 실시되며, 개인, 단체, 조직원, 가정 구성체, 사회, 국가 모두가 해당된다.

c) 웃음치유의 기법은 "오감을 자극하여 치료함을 말하며, 웃음을 유발할 수 있는 맛, 소리, 그림, 글, 공연, 관람, 상상, 체험, 댄스, 노래, 관광, 레포츠, 레크리에이션, 유머, 퀴즈, 억지웃음 등을 통하여 치료한다."를 들 수 있으며 특수한 물건이나 치료적 장비를 요구하지 않는다.

웃음은 남녀노소 모든 부류의 사람들에게 특별한 도구가 없어도 가능하고 특히 의료장비가 없어도 별무리 없이 실시하여 웃음의 치유효과를 가져오는 좋은 방법이라고 생각한다.

2) 대안 심리치료의 방법

　요즈음 심리 치료자들은 여러 가지 치유 방법을 이용한다. 즉 "정서적 지지, 설득, 조건 형성 절차, 이완 훈련, 역할 연기, 약물 치료, 바이오피드백, 집단 치료 등"이 있다.[10]

　위에서 언급한 웃음치유의 기법은 모든 대안 심리치료에서 응용할 수 있는 기본적인 방법이라고 할 수 있다. 대안 심리치료로서의 웃음치료의 방법은 반복되므로 Ⅳ장에서 좀 더 구체적으로 살펴보고자 한다.

---

10) 다음 통합검색 「위키 백과사전」 "심리치료의 방법" 2017. 08. 02 pm. 09:57.

dwelling place for God by the Spirit.

The Mystery of the Gospel Revealed

3 For this reason I, Paul, a prison
 assuming that you have heard
of the stewardship of God's grace that was
given to me for you, how the mystery w

웃음치료 이해

01

웃음치료의 근거

웃음은 표준 국어대사전[1]에는 "웃는 소리, 웃는 일"이라고 정의되어 있다. 웃음의 사전적 의미[2]는 다음과 같다. "웃다: 기뻐서 소리를 내다/ 얼굴에 기쁜 표정을 짓다/ 빈정거려 조롱하다/ 꽃봉오리가 벌어져 꽃이 활짝 피다. 웃음: 웃는 일, 또는 그런 소리나 모양."

류종훈 교수는 "웃음은 즐거움을 수반한 신체적 자극, 기쁨, 우스꽝스러움과 겸연쩍음과 같은 웃음 유발 요인에 대한 신체적 감정표출, 연기, 병적인 심리상태를 원인으로 하며 나타나는 신체 변화 등으로서 일반적으로는 '쾌적한 정신활동에 수반하여 나타나는 감정의 신체적 반응과 표현'이라고 정의할 수 있다.[3]" 그러므로 웃음의 긍정성은 "쾌적한 정신활동"과 즐거움, 기쁨을 들 수 있다.

더 나아가 웃음이란 '기쁨의 표현으로 즐거움을 수반한 신체적 자극·기쁨·우스꽝스런 현상으로 웃음유발요인에 대한 신체적 감정의 자발적인 감정표현으로써, 자신의 심리상태를 신체적으로 나타내는 유쾌한 정신활동의 작용으로 나타나는 감정적 산물'이라고 정의할 수 있다.[4] 라고 하여 웃음에 대해 비슷한 각도에서의 정의를 내렸다고 생각한다.

웃음은 웃음치료를 연구할 때 "웃음은 내면세계의 조깅"이라고 했다. 그리고 "하나님의 선물"이고 "내안에 있는 기쁨을 밖으로 표출하는 감탄사"라고 했다. 참으로 웃음은 즐거움을 주고 영, 혼, 육

1) 양주동 감수, 「표준국어대사전」(서울: 문화출판사, 1983), p. 585.

2) 민중서림편집국, "엣센스 국어사전", (서울: 민중서림, 2004), pp. 1760-1761.(김미숙. "크리스찬 자존감 증진을 위한 웃음치료 프로그램. "서울 신학 대학교 상담대학원 석사논문, 2010:22에서 재인용)

3) 홍사성, 「성공으로 축복으로 웰빙으로 함께가는 웃음형 인간」(서울: 은혜출판사, 2005). p. 34. (김미숙. "크리스챤 자존감 증진을 위한 웃음치료 프로그램. "서울 신학 대학교 상담 대학원 석사논문, 2010:22에서 재인용)

4) 류종훈, 「웃음 치료학의 이론과 실제」(파주: 21세기사, 2005), p. 22.

간의 건강을 주는 좋은 방법이다.

목원대학교 독어독문학과 류종영 교수는 '웃음을 일으키지 않는 희극적인 것 혹은 코믹이란 존재할 수 없으며, 이러한 희극적인 것이나 코믹이 존재한다면 이는 모순이다. 그러나 희극적인 것이나 코믹과 관련이 없는 웃음도 실제로 존재하고 있다. 우리는 즐거울 때도 웃지만, 당혹감에서 혹은 절망의 순간에도 웃고, 누군가 우리에게 간지럽게 하거나 히스테리 발작을 일으킬 때도 웃는다. 따라서 우리는 위의 개념을 수정할 필요가 있다. 희극적인 것 혹은 코믹이란 웃음을 일으키게 하는 것의 일부분에 불과하다. 즉, 웃음을 일으키는 모든 것이 '희극적인 것'이나 '코믹'은 아니다.[5]라는 말에 공감한다. 희극적이지 않아도 웃음을 유발하는 것들도 많기 때문이다.

많은 학자들이 이와 같이 웃음에 대한 표현을 했다. 좀 더 살펴보면, "웃음은 위에 있는(웃) 소리(음)다. 모든 소리 가운데 가장 높은 데서 나는 소리, 최고로 듣기 좋은 소리란 뜻이다.[6]" 이것은 웃음에 대한 긍정적인 정의를 내렸다고 할 수 있다. 참으로 웃음은 최고로 듣기 좋은 소리이며 웃는 얼굴이 가장 아름답게 보인다.

국제디지털대학교 이광재 교수는 "웃음이란 쾌적한 정신활동에 수반된 감정반응, 웃음이란 고정관념이 사라질 때 나타나는 놀람의 소리[7]"라고 웃음을 정의했다.

한세대 사회복지학과 류종훈 교수는 '웃음이란 기쁨의 표현으로 즐거움을 수반한 신체적 자극 기쁨 우스꽝스런 현상이며 웃음 유발

---

5) 류종영, 「웃음의 미학」(서울: 유로서적, 2005), p. 18.

6) 신상훈, 「유머가 이긴다」(서울: 쌤앤파커스, 2010), pp. 77, 78.

7) 조순배 편저, 「웃음치료 이론과 실제」(경기 시흥: 도서출판 생명샘, 2006), p. 75.(절판).

요인에 대한 신체적 감정의 자발적인 감정표현으로써 자신의 심리 상태를 신체적으로 나타내는 유쾌한 정신활동의 작용으로 나타나는 감정적 산물[8]'이라고 정의했다.

인하대학교 교육학과 박영신 교수는 웃음치료의 개념에 대하여 '웃음은 긴장의 해독제요, 염려의 치료제요, 스트레스의 천적이다. 다시 말해, 스트레스를 해독시키는 최고의 수단이다. 이러한 웃음으로 병을 고치는 치료법은 의학계에서 이미 시행되고 있다. 이러한 '웃음치료를 영어로 'laughter therapy' 또는 'humour therapy'라고 부른다.[9]'

이와 같이 웃음학자들의 다양한 견해가 있음을 알 수 있다. 웃음은 쾌적한 정신활동, 기쁨의 표현, 유쾌한 정신 활동의 작용으로 나타나는 감정적인 산물이라고 했다. 그러나 웃음을 일으키는 모든 것이 희극적인 것이나 코믹이 아니라는 좁은 의미의 주장도 있었다. 그러나 웃음은 긴장의 해독제, 스트레스를 해독시키는 최고의 수단이라고 하여 웃음에 대한 긍정적인 평가를 내렸다고 볼 수 있다. 웃음과 스트레스는 정반대적 개념이라고 할 수 있다. 그러므로 스트레스 없이 건강하게 살 수 있는 방법이 웃음이며, 웃음을 통해 건강한 삶으로 인도하는 것이 웃음치료라 할 수 있다.

이를 좀 더 구체적으로 살펴보면 다음과 같다. 웃음은 신이 주신 최고의 선물이다.[10] (예: 아담과 하와). 사람이 하나님의 피조물이라는 것을 안다면 웃음은 하나님의 선물이다. 하나님은 사람의 머리속

---

8) Ibid., p. 154..

9) 박영신·지영환, 「경찰 직무스트레스 이해와 치료」(서울: 학지사, 2012), p. 189.

10) 조순배 편저, Ibid., p. 7.

에 웃음보를 넣어 주셨다. 미국 UCLA 대학병원의 이차크 프리드 박사도 최근 인간의 머리속에서 웃음을 통제하는 '웃음보'가 있다는 것을 찾아냈다. 그는 간질을 치료하던 중 왼쪽대뇌의 사지통제 신경조직 앞에 있는 4㎠의 웃음보를 찾아내게 되었다. 하나님이 창조하신 모든 피조물 중에 사람에게만 웃음보를 주신 것이다. 그러므로 사람은 중요하고 웃음보를 주신 분에게 보답하는 마음으로 웃음을 주는 삶이 되어야 할 것이다.

전도서 2:24-26절은 '사람이 먹고 마시며 수고하는 가운데서 심령으로 낙을 누리게 하는 것보다 나은 것이 없나니 내가 이것도 본즉 하나님의 손에서 나는 것이로다 먹고 즐거워하는 일에 누가 나보다 승하랴 하나님이 그 기뻐하시는 자에게는 지혜와 지식과 희락을 주시나 죄인에게는 노고를 주시고 저로 모아 쌓게 하사 하나님을 기뻐하는 자에게 주게 하시나니 이것도 헛되어 바람을 잡으려는 것이로다'

이 말은 하나님의 감동으로 쓴 지혜자 솔로몬의 말이다. 기뻐하는 자에게 좋은 것을 주신다는 약속인 것이다.

웃음치료사 교육을 통하거나, 웃음 학자들에 의하면 "웃음은 소리가 있는 호흡이다," "마음의 기쁨을 밖으로 표출하는 감탄사이다"라고 말했다. 웃음으로 웃음보를 많이 사용하는 자가 복을 받게 된다. '항상 기뻐하라(살전 5:16)'는 하나님의 말씀을 실천하는 효과를 가져 오기 때문이다. 인간을 제외하면 동물이나 식물 등 아무 피조물이라도 웃음보를 가진 존재는 없다. 오직 인간에게만 하나님께서 웃음보를 주셨다는 것은 우리 사람들에게는 큰 기쁨이 아닐 수 없다. 하나님이 주신 최고의 선물인 웃음으로 하나님을 기쁘시게 하고 나와 이웃을 기쁘게 하는 사람들이 되어야 할 것이다.

웃음은 신의 명령이다.[11] 성경은 '항상 기뻐하라(살전 5:16)'고 한다. 많은 사람들이 이 말을 듣고 다른 견해를 내세우며 반대의 의견을 내기도 한다. '지금 암에 걸려 있고, 나으려는 확률도 떨어지는 병을 가지고 있는데 항상 기뻐하랴? 사업이 침체하고, 취직시험에 낙방 했는데도 기뻐할 수 있느냐?'라며, 도저히 이해가 되질 않는다고 한다. 그러나 다수의 의사들의 주장처럼 불치병이 찾아왔을지라도 웃을 때 저항력이 발생하고 병으로부터 치료가 될 것이라는 것이 중론이다. 지금 하는 일이 제대로 되지 않고 어렵더라도 적극적 사고와 고마움을 표시하며, 기쁨으로 웃으며 살아야 모든 것을 이기는 힘이 생길 것이라는 것이다.

일본의 작가 에모토 마사루는 '물은 답을 알고 있다'라는 책에서 물을 바라보면서 무슨 얘기를 하는 가에 따라 그 물의 결정체가 변한다고 주장했다. '행복'이라는 말과 '불행'이라는 말에 따라 물은 서로 다른 결정을 나타낸다. '힘내', '참 예뻐', '참 잘됐네' 이런 말들은 멋있는 결정체로 나타난다고 한다. 그런데 부정적이고 파괴적인 말, '불행', '싫어', '안 돼', '나쁜 놈' 같은 말을 들려주면 물의 결정이 일그러지며 추한 결정체를 보여준다는 연구를 하여 말에 대한 올바른 사용이 얼마나 중요하고 말을 어떻게 해야 하는지를 보여주는 예라 할 수 있다.

물을 보고 부정적이고 파괴적인 말을 했을 때, 이러한 나쁜 결과가 나왔다면, 인간의 몸이 70퍼센트가 물로 이루어졌다고 할 때 부

---

11) Ibid., p. 9.

정적이고 파괴적인 말은 우리 몸에 악영향을 가져올 것은 확실하다. 반면에 웃음치료를 통해 기쁨과 긍정적인 프로그램을 진행한다면 스트레스 없는 건강한 몸이 될 것임에 분명하다.

웃음은 자연적 운동이다.[12] 미국 스탠포드대의 월리엄 프라이 박사는 '20초 동안 웃는 것은 3분 동안 격렬하게 노를 젓는 것과 운동량이 비슷하다'고 말한다. 이처럼 웃음은 우리 몸의 운동을 자연스럽게 극대화하는 방법이라고 할 수 있다. 허리가 끊어질 정도로 웃으면 상쾌하고 정신이 맑아짐을 느끼게 된다. 그 이유는 큰 소리로 웃을 때 근육, 신경, 심장, 머리, 소화기관 등 전체적인 운동이 일어난다. 한 번 크게 웃으면 650개의 근육 중 231개의 근육이 움직이고, 80개의 얼굴 근육 중 15개가 움직인다고 한다. 이것은 에어로빅을 5분 동안 하는 것과 같은 효과를 낸다. 따라서 소리 내어 웃는 것은 훌륭한 유산소 운동이다. 또 손으로 피부와 근육을 마사지하는 것을 외부 마사지라 한다면 웃음은 내장을 마사지하는 내부 마사지이다. 이렇게 되면 소화의 분비와 장운동이 활발해져서 우리의 몸은 평안을 가져온다.

웃음의 전문가들은 '웃음이 호흡계, 신경계, 가슴, 내장 등의 활발한 활동을 주도하므로 전신체조라고 주장한다. 위에 잠깐 언급했는데, 우리 몸에는 근육이 650개 정도인데, 그 중의 231개는 웃을 때 움직인다고 한다. 그러므로 웃음은 우리 몸의 전체를 움직여주는 좋은 활동인 셈이다.

"웃음은 자연적으로 운동이다"라는 말은 웃음의 전체적인 효과를

---

12) 조순배 편저, 「웃음치료 이론과 실제」(경기 시흥: 도서출판 생명샘, 2006), p. 22.

표현하는 말이라고 할 수 있다. 웃음은 우리 몸의 거의 등 모든 부분을 크게 움직이게 하여 온몸 운동을 하는 효과를 가져 온다. 즉 웃음은 온몸의 치유와 건강을 가져온다고 할 수 있는 것이다.

웃으면 면역력이 높아진다.[13] 1996년 미국 캘리포니아주 로마린다 의대 리 버크와 스탠리 탠 교수팀은 성인 60명을 대상으로 정상 상태의 혈액과 1시간 동안 코미디 프로그램을 시청하게 한 후의 혈액을 비교했다. 그 결과 세균에 저항할 수 있는 백혈구와 항체생성에 중요한 구실을 하는 단백질 글로블린이 많아지고, 면역을 억제하거나 스트레스를 유발하는 호르몬의 양은 줄어든다는 사실을 알아냈다. 또한 웃는 동안 인체의 '진통제'라 불리는 엔돌핀이 왕성하게 분비돼 걱정이나 스트레스를 줄여준다는 현상도 발견했다. 체내 악성물질이 자리 잡지 못하도록 몸에 존재하는 자연살해(NK)세포의 활동 영역이 넓어짐은 물론이다. 한 마디로 웃음은 우리에게 스트레스를 줄여주고 악성물질을 없애주는 좋은 도구라 할 수 있다. 많이 웃는 사람은 병에 대한 저항력이나 어려움을 돌파하는 능력이 탁월하다고 할 수 있다.

웃음은 우리 몸의 상태를 최상의 상태를 만들어준다. 즉 면역력을 높이는 것이다. 그러므로 많이 웃는 사람은 건강하고 장수한다. 어린 아이들은 하루에 400번 정도 웃는다고 한다. 여성분들은 남성들보다 더 많이 웃는다. 그러므로 여성분들은 남성들 보다 평균 7년 정도 더 산다고 한다는 말은 의미가 있다고 할 수 있다.

웃음은 우리에게 스트레스를 줄여주고 암을 없애주는 효과가 있

---

13) Ibid.

다고 했는데, 그러한 웃음에 대한 좋은 면을 발견한 리버크 교수와 스탠리 교수는 남자 10명에게 한 시간짜리 재미있는 비디오를 보여 주면서 보기 전과 후의 혈액 속의 면역체의 증감을 연구한 결과, 웃을 때 병균을 막는 항체인 인터페론 감마의 분비가 200배 증가 한다는 사실을 밝혀냈다. 우리의 뇌의 중심부엔 감정, 자율신경, 면역력을 담당하는 간뇌가 있다. 웃으면 간뇌의 세 가지 기능이 모두 강화된다. 감정이 좋아지면 면역력이 증강되고, 감정이 상하면 면역력이 떨어진다. 웃음으로 면역력이 증가하면 아드레날린, 노르아드레날린, 코티솔 등 면역력을 떨어뜨리는 스트레스 호르몬의 분비도 감소된다는 것을 보여 주는 등 웃음이 면역력을 증가하게 한다는 효과를 나타냈다. 그러므로 우리는 건강을 위하여 면역력을 높이고, 우리 몸에 병을 가져오는 스트레스 호르몬의 감소를 위하여서라도 웃음의 생활화가 필요하다고 할 수 있다.

웃음은 암의 예방과 치유의 명약이다.[14] 일본 오사카의대 이와세 박사팀은 최근 웃음치료가 암 세포를 없애주는 혈액 속의 자연 살해세포(NK 세포)를 14%나 활성화한다는 연구결과를 발표했다. NK 세포는 면역력을 높여 주며, 암을 예방하는 것으로 알려져 있다. 미국 하버드의대 연구팀은 1-5분 정도 웃으면 NK 세포가 5-6시간 동안 지속적으로 증가한다는 것을 발표해 주목 받았다. NK 세포는 크게 웃으면 분비되는 신경전달물질 '엔돌핀'에 의하여 증가된다.

NK세포는 암세포를 공격하는 역할을 감당한다. 인체에 침입하는 병균은 1차적으로 피부와 점막이 막는다. 그러나 이를 뚫고 들어오

---

14) Ibid., p. 23.

는 침입자들이 있게 마련이다. 이때부터는 백혈구가 나서서 처리한다. 백혈구는 크게 과립구와 림프구 두 가지로 나뉜다. 이 둘은 각각 역할이 정해져있다. 과립구는 주로 덩치가 큰 세균을, 림프구는 미세한 바이러스와 암세포를 제거한다. 과립구는 면역의 파수꾼이다.

이처럼 우리 몸에는 우리 몸을 지키는 파수꾼들이 있다. 우리 몸의 피 속을 순찰하면서 병적인 물질을 만나게 되면 에워싸고 처리한다.

인간들의 삶속에는 크고 작은 병을 가지고 살아가고 있다. 병중에서 가장 심각한 것은 우리들의 생명을 빼앗아가는 암이라 할 수 있다. 그런데 웃음은 암세포를 공격하는 NK 세포를 도와주어 암세포를 없애주는 역할을 하게 된다. 그러므로 웃음은 건강과 장수를 가져오는 좋은 도구라 할 수 있다.

웃음은 만병통치약이다.[15] 웃음은 우울증, 당뇨병, 암, 스트레스병, 긴장과 피로, 정서 불안, 두통, 불면증, 천식, 뇌졸중, 동맥경화, 신경통, 통증, 비만, 심장, 감기, 화병, 소화불량, 음치의 치료, 정력강화 등 만병에 최고의 명약이다. 수술하지 않고 돈 들지 않고 건강하게 살 수 있게 하는 만병통치약이다.

'데일 카네기'는 '웃음예찬'에서 다음과 같이 말했다. '웃음은 별로 밑천이 들지 않으나 건설하는 것은 많으며, 주는 사람에게는 해롭지 않으며 받는 사람에게는 넘치고, 짧은 인생으로부터 생겨나서 그 기억은 길이 남으며, 웃음이 없이 참으로 부자가 된 사람도 없고, 웃음을 가지고 정말 가난한 사람도 없다. 웃음은 가정에 행복을 더

---

15) Ibid., p. 24.

하며, 사업에 활력을 불어 넣어주며, 친구 사이를 더욱 가깝게 하고, 피곤한 자에게 휴식이 되며, 실망한 자에게는 소망도 되고, 우는 자에게 위로가 되고, 인간의 모든 독을 제거하는 해독제이다[16]' 이와 같이 웃음은 모든 부분에서 치유를 가져오는 만병통치약이라고 할 수 있다.

노만택 의학박사는 찰리채플린의 '인생은 가까이 들여다보면 비극이지만 멀리 떨어져 보면 희극이다'라는 말을 인용하여 웃음의 지혜를 말하였다.

찰리채플린은 '인생은 가까이 들여다보면 비극이지만 멀리 떨어져 보면 희극이다'라고 말했다. 많은 위인들이 가난하고 불행한 가정에서 자라나 자신이 처한 상황을 이기고 훌륭한 삶을 살아내는 자들이 많다. 불행한 가정에서 자란 채플린도 불행한 상황 속에서 자신을 이기고 성공적인 삶을 살았기 때문에 인생 전체를 보면 희극이라는 귀한 말을 할 수 있었음을 볼 수 있다. 불행한 삶을 살게 되면 마음조차 움츠러들어 전전긍긍하며 사는 사람들도 있고, 그 어려움을 오히려 딛고 일어서는 사람들도 있다. 어려운 상황을 겪고 마음을 움츠러들이면 그러한 상황에서 점점 더 멀어지고, 어려운 문제를 거시적으로 보면 어려움에서 벗어날 수 있는 시기가 올 것이다. 어려움에서 벗어나려면 인내해야 한다. 모든 것을 이루기 위해서는 참아야 한다. 참는 자에게 좋은 것이 오는 것이다. 고난 가운데 참고 인내하는 방법이 웃음과 유머일 것이다. 불행한 삶을 이기는 가장 현명한 방법, 그리고 모든 사람들이 어려움을 쉽게 이기는

---

16) Ibid., p. 3.

비법이 웃음과 유머임에 틀림이 없다.[17] 그러므로 웃음과 유머로 하는 웃음치료 활동은 바람직한 건강 치유 활동이라고 할 수 있으며 누구나 쉽게 고난을 이기게 하는 비법인 것이다.

또한 노만택 박사는 웃음은 돈 안 들이는 좋은 화장이며 웃음과 울음이 비슷하지만 다른 점도 많다는 주장을 하였다.

사람은 감정표현을 잘하는 사람이 건강하다. 웃기도 잘해야 하지만 울기도 잘해야 한다. 한바탕 크게 웃거나, 실컷 울고 나면 시원해 진다. 그러므로 병에 대한 저항력도 커지게 될 것이다. 이처럼 웃음과 울음은 유사한 점이 있다. 울음이 내면세계로 역사하는 구심적이라면 밝은 웃음은 모든 사람들에게 유익을 주는 외면세계로 역사하는 원심적이라고 할 수 있다.

'웃음은 울음보다 더 멀리 들린다'는 독일 속담이 있듯이 웃음은 우리 모두에게 유익을 주는 것이라 생각된다. 또한 '울음은 지난 날을 돌아보게 하지만 웃음은 앞날을 바라보게 한다.'라는 말은 울음은 과거의 별로 좋지 않은 사건을 기억하게 하며, 웃음은 미래적 밝은 삶을 보여주는 것이라 할 수 있다.

'웃음은 사람의 얼굴을 아름답게 하지만 울음은 사람의 얼굴을 밉게 만든다. 여성들에게 웃음은 좋은 화장이지만 울음은 화장을 망가뜨리는 애물이다. 화장을 고치는 것보다 돈 들이지 않는 화장이 더 낫지 않은가?[18]' 웃음은 주름살을 얇게 파이게 하여 아름다운 얼굴을 만든다. 그러나 인상을 쓰게 되면 주름살이 깊게 파이며 나쁜 얼굴이 된다. 그러므로 링컨의 명언인 "40대가 되면 자신의 얼굴을

---

17) 노만택, 「웃음의 건강학」(서울: 도서출판 푸른솔, 2002), pp, 12, 13.
18) Ibid. pp, 28, 29.

책임져라"는 말이 있듯이 웃음을 통한 아름다운 얼굴을 만들고 건강한 삶을 살아야 할 것이다.

이와 같이 웃음에 대한 긍정적인 견해를 볼 수 있으며 이상에서 살펴 본 바와 같이 웃음은 쾌적한 정신활동과 함께 자연스러운 감정반응으로 인하여 나타나는 내면세계에 있는 기쁨의 감탄사의 표출이라고 할 수 있다. 참으로 웃음은 많은 사람들이 좋아하고 경제적이며, 실천하기 쉽고, 전인적인 행복을 가져오는 만병통치약이라고 할 수 있다.

웃음은 언제 나오는가[19]? "인간이 왜 웃는지에 대한 고찰은 플라톤이후 계속되어 왔지만, 여전히 정답이라고 인정될 만한 이론은 없다. 웃음에 관한 다양한 의견은 정말로 경이할 정도로 많다." 어떤 사람은 웃음이 슬픔이나 힘든 상황에 나오다는 자들도 있고, 반면에 즐겁고 행복한 상황에서 나온다는 주장을 한다. 어떤 경우에는 두 가지 이상의 상황이 복합적으로 작용하여 웃음이 나올 수 있다고 생각된다. 이와 같이 웃음에 대한 이론은 백여 가지라고 한다.

우월성 이론은 우리가 농담이나 유머를 듣고 웃는다면 그것은 웃음꺼리가 된 대상을 유쾌하게 내려다보기 때문이라고 주장한다. 이러한 주장은 플라톤과 아리스토텔레스에서 시작되었다. 플라톤은 심술궂은 사람들은 다른 사람들의 불행을 보고 웃는다고 말했고 아리스토텔레스는 우리가 다른 사람의 하찮고 무해한 결점에서 우스꽝스러움을 느낀다고 언급했다.[20]

사람들은 누구나 남보다 자신이 우월하다고 하는 마음을 갖기 쉽

---

19) Ibid. p. 8.

20) 류종영, 「웃음의 미학」(서울: 유로서적, 2005), p. 127.

다. 이기주의나 개인주의가 활동하기 쉬운 것이 인생이기 때문이라 생각된다. 자신이 우월하다고 생각하는 것은 남을 무시하는 경향이 크다고 할 수 있다. 우월성에 입각한 것에 대한 것 중의 하나는, 생각지 못한 것에 의해 자만심으로 웃음이 폭발하는 것이다.

웃음의 우월이론은 남을 놀리거나 조롱을 통해 우월감을 가질 때 웃음이 나온다는 것인데, 이것은 웃음의 그다지 좋지 않은 부정적인 면이라고 생각한다. 웃음에는 대소 홍소 폭소 등의 긍정적인 면과, 조소, 간소, 치소 등의 부정적인 의미가 있다. 그러므로 웃음의 긍정적인 면을 부각시키며 웃음치료를 하는 것이 바람직하다는 것을 기억해야 한다.

부조화 이론에서는 둘 또는 그 이상의 모순되는 개념이 융합하려고 할 때 웃음이 발생한다고 주장한다. 수많은 철학자들이 이 특징을 알아차렸다. 1977년 조지프 프리스틀리는 웃음은 대조의 인식에서 생겨난다고 했다.” 부조화 이론은 둘 또는 그 이상의 잘못된 개념이 섞일 때 웃음이 나온다는 주장에 공감하며 웃음치료 프로그램을 실시하며 자주 사용되는 것이라 할 수 있다. 예를 들면, 유머 퀴즈를 낼 때, “오늘 유머 퀴즈를 맞추시는 분은 제 기타를 드리겠습다가 아닌 구경시켜 드리겠습니다.” 혹은 “여기에 있는 피아노를 업을 수 있는 권한을 드리겠습니다.” 등이다.

사람들은 뭔가 큰 것을 기대했는데, 작은 것이 나왔을 때 웃음과 함께 비난의 소리를 들을 수 있다. 반대로 작은 것을 기대했는데 큰 것이 나오면 웃음과 함께 감탄과 고마움의 소리를 듣는다. 그러나 이와 같은 부조화는 거의 언제나 웃음을 일으키게 된다.

놀람 이론을 주장하는 홉스는 ‘갑작스런 자부심’에서 ‘갑작스런’

과 같은 놀람에서 웃음이 발생한다고 했다. 그래서 놀람 이론 지지자들은 놀람이 가장 중요한 부분이라고 주장하기도 한다. 데카르트는 웃음은 충격과 온건한 기쁨의 혼합에서 나온다고 말했다. 1940년 심리학자 존 월만은 웃음은 놀람/불안과 즐거움 양쪽이 모두 포함된 상황에서 나온다고 선언했다. 놀람 이론은 왜 대부분의 농담이 다시 들으면 재미없는지를 설명해준다.

대부분의 사람들은 충격적인 유머를 처음 들었을 때 놀라게 되고 더 크게 웃게 된다. TV에서 방영되는 개그 프로그램에서 자주 사용되는 방법 중의 하나라고 볼 수 있다. 아무도 모르는 유머의 효과는 큰 힘을 발휘한다. 웃음치료사들은 모든 삶속에 자연스럽게 만들어지는 유머나, 연구하여 얻어진 새로운 유머를 위해 연구하고 수집하는 노력을 해야 한다.

구성 이론은 "관련이 없는 요소들이 동시에 언급될 때, 웃음이 나온다고 주장한다. 우리는 관련이 없는 두 요소 사이의 의미를 인식하는 것이다. 이것은 마치 열쇠구멍을 통해 난초를 들여다보는 것과 같다."

사람들은 돌발적인 상황에서 뭔가 큰 것을 알게 되고, 그것은 우리를 웃게 하는 상황으로 발전한다. 그러므로 자주 듣는 유머나 우스갯소리는 웃음이 나오지 않을 수밖에 없는 것이다. 구성 이론은 그다지 길지 않은 간단한 유머의 힘을 나타낸다. 이들의 종류는 위트나 재치 혹은 농담이나 만담을 들 수 있다. 이러한 것들은 서로의 관계를 돈독하게 하고 만날 때마다 서로에게 기쁨을 주게 될 것이다. 이처럼 웃음치료 프로그램 진행자들이 웃음치료 대상자들을 향해 돌발적인 유머나 유머퀴즈를 날리면 좋은 분위기 속에서 서로에게 유익이 될 것이라고 생각한다.

구성이론은 놀람이론과 연관이 있는 이론이라 할 수 있다. 놀랄 만한 것이 아닌 유머로 구성하여 언급이 될 때 웃음을 유발할 수 없기 때문이다.

그 외 웃음의 원인학설[21]이 있다. "H. 베르그송은 '자유로워야 할 인간이 부자유한 기계와 같은 운동을 하였을 때 정신이 물질화 되었다면 이것을 우리는 물아개념이라고 하는데 이때 웃음이 나온다'고 하였다. '자스틴은 놀람과 기대의 어그러짐, 우수한 사람의 좌절과 실패. 부조화와 대조, 사교적 미소, 긴장의 해소 등 유희적 발상에서 웃음이 발생된다'고 하였다." 웃음은 웃음이 나오게 하는 중요한 원인은 유머나 유머스러운 행동을 접했을 때 영혼과 몸의 충돌로 나타나는 총체적인 감정표출 현상이라 할 수 있다.

웃음은 부자유한 상태, 놀람, 기대에 어긋남, 부조화를 통해 웃음의 원인을 찾을 수 있으며, 웃음치료는 그러한 긍정적이고 모두에게 유익을 줄만한 소재를 찾아서 실시해야 할 것이다.

성경에서 웃는 이유[22]를 찾아 제시한 내용을 살펴보면 다음과 같다. 그러면 성경 말씀 속에서 보이는 웃음들은 왜 빚어지는가? (1) 기뻐서: '사라가 가로되 하나님이 나로 웃게 하시니 듣는 자가 다 나와 함께 웃으리로다(창 21:6).' '이제 주린 자는 복이 있나니 너희가 배부름 얻을 것임이요, 이제 우는 자는 복이 있나니 너희가 웃을 것임이요(눅 6:21).' 이처럼 기뻐서 웃는 상황은 많이 있다고 생각한

---

21) 류종훈, 「웃음 치료학의 이론과 실제」(파주: 21세기사, 2005), p. 23.

22) 라원기, "성경에 나타난 웃음치료에 관한 연구," 학위논문 석사, 호남 신학대학교 기독상 담대학원, 2005, p. 37.

다. 하나님께서 천지를 창조하셨을 때도 기쁨을 표출하셨다. '보시기에 좋았더라', '보시기에 심히 좋았더라', 등이다. (2) 의심으로: '아브라함이 엎드리어 웃으며 심중에 이르되 백세 된 사람이 어찌 자식을 낳을까, 사라는 구십 세니 어찌 생산하리요 하고, 사라가 속으로 웃고 이르되 내가 노쇠하였고 내 주인도 늙었으니 내게 어찌 낙이 있으리요, 여호와께서 아브라함에게 이르시되 사라가 왜 웃으며 이르기를 내가 못한 일이 있겠느냐, 기한이 이를 때에 내가 네게로 돌아오리니 사라에게 아들이 있으리라, 사라가 두려워서 가로되 내가 웃지 아니하였나이다. 가라사대 아니라 네가 웃었느니라(창 18:12-15).' 아마도 아브라함과 사라는 인간의 능력으로는 절대로 일어날 것 같지 않는 상황에서 의심이 생겼지만 웃었다고 할 수 있다. (3) 인간의 어리석음과 교만으로: '진실로 그는 거만한 자를 비웃으시며 겸손한 자에게 은혜를 베푸시나니(잠 3:34)'

이상에서 살펴본 바와 같이 웃음은 하나님께서 우리를 웃게 하심으로, 웃음거리가 된 사람을 보고 우월감을 느낄 때 나오며, 이것은 뭔가 남보다 내가 낫다는 생각에서 비롯된 것이 아닐 수 없다. 부조화 이론에서는 둘 또는 그 이상의 모순되는 개념이 융합하려고 할 때 웃음이 발생한다고 주장한다. 정상적이지 못할 때 우리는 그것을 바로잡고자 하며, 모순되는 개념이 보일 때 일단 웃음이 나오는 것이라 생각된다. 놀람 이론도 마찬가지다. 특별히 처음 보는 광경은 정상적인 것과 비교가 되면서 놀라며 웃음이 나온다고 볼 수 있다. 이와 같이 웃음은 여러 가지 심리적인 요인에 의해서 우리 내면에서 자발적으로 나오는 감탄사라고 볼 수 있다.

웃음치료란 무엇인가? "웃음치료는 일반적인 의료적 치료행위와는 다른 접근으로 육체를 넘어 심리적 차원이 변해야만 신체와 정신이 모두 건강할 수 있다는 점에 중점을 두고 있다.23)" 참으로 웃음치료는 정식 의학은 아니지만 정식 의학의 대안으로서 전인적인 치유를 가져오는 바람직한 대안 치료 활동이라고 할 수 있다.

"미국웃음치료협회(AATH. American Association for Therapeutic Humor)의 정의에 따르면 웃음치료는 일상 속의 재미있는 경험이나 유머, 미소, 웃음, 즐거운 감정을 표현하도록 하여 대상자의 건강증진과 안위를 증진시키는 활동 전반을 '웃음치료활동'이라 한다.24)" 재료로서 유머, 미소, 웃음, 즐거움 그리고 이에 더하여 재치, 위트, 만담, 토크쇼 등을 들 수 있다.

종합해 보면 웃음치료란 즐거움을 몸으로, 즉 웃음으로 표현함으로써 신체와 정신 및 사회적 관계를 건강하게 하고 궁극적으로는 인간의 삶의 질을 높이며 행복을 찾을 수 있도록 도와주는 일련의 '행동인지치료'라 할 수 있다.25) 그러므로 웃음치료 프로그램을 진행하는 웃음치료사들은 웃음과 이와 관련된 웃음소재를 잘 보존하고 연구 개발하여 인간의 삶을 풍요롭고 행복할 수 있도록 하는 노력을 견지해야 할 것이다.

일개 경로당 이용 노인의 웃음치료 참여 경험26)은 웃음치료가 필

---

23) 최승혜, "웃음프로그램이 우울 및 자기존중감에 미치는 영향"(미간행 교육학석사학위논문, 고려대학교, 2011), 20쪽(안미선. "웃음의 치유적 효과와 교회 내 참 웃음 프로그램 적용 에 관한 연구 "장로회신학대학교 대학원 석사논문, 2014:23에서 재인용).

24) 이임선, 「몸과 마음을 치유하는 웃음치료」(서울: 하남출판사, 2010), 51쪽(안미선. "웃음의 치유적 효과와 교회 내 참 웃음 프로그램 적용에 관한 연구 "장로회신학대학교 대학원 석사논문, 2014:23에서 재인용).

25) Ibid.

26) 박현주, 안효자, "일개 경로당 이용 노인의 웃음치료 참여 경험" 2016. 12. 31, 한국산학기술학회 논문지, 제17권 제12호, pp. 210-212.

요한 요인과 웃음치료의 효과를 발견할 수 있다.

주제 1 몸의 기운을 회복함: "웃음치료는 노인들에게 평소에 경직되어 있던 몸을 움직이게 하는 기회가 되었다. 웃음과 율동으로 자유롭게 따라 할 수 있었고, 웃고 난 후에는 마치 운동을 한 것처럼 신체 기능이 활발해지고 가벼워짐을 느낀다고 하였다." 일반적으로 노인분들은 몸이 굳어 있어서 움직이기 싫어한다. 그래도 자주 일어나게 하고 신체에 통풍을 불러일으켜 주는 것이 건강에 좋다.

'이렇게 하고 나니까 기운이 좀 돌아온 것 같아요. 율동도 하고 신체적으로 움직이니까 몸이 가벼워진 것 같아요 아무래도 움직이다 보면 운동이 되니까. 가만히 앉아있다가 움직이니까 운동이 좀 되는 것 같아.' 처음에는 몸을 움직이는 것이 느리지만 율동이나 웃음체조 프로그램을 통해 몸을 자주 움직여주면 시원해했다.

웃음치료는 웃음치료의 대상이 되는 노인분들에게 자연스럽게 운동을 하게 하여 몸의 기운을 회복하게 하는 좋은 방법이다.

주제 2 기분이 맑아짐: "연구 참여자들이 가장 많이 진술한 주제로서 웃음치료를 통한 웃음은 순수한 웃음으로서 평소에 화투치면서 웃는 웃음과는 다르다고 하였다. 즉, 마음이 평안한 상태에서 전신으로 웃는 웃음이기에 웃고 난 후 두통, 우울과 같은 신체적, 심리적 문제들이 완화되었다고 하였다. '그냥 걷고 하는 것은 신체적으로만 하는 운동이지 마음적으로 기쁘고 그런 건 없잖아요. 그래 이렇게 기분이 좋으니까 아무래도 마음도 좋아져요." 웃음치료 프로그램을 실시하고자 센터에 가보면 화투하는 장면을 보게 된다. 치매에 좋다는 것 때문에 그 영향인 듯하다. 그런데 문제는 화투를 치며 웃는 웃음과 웃음치료를 통해 웃는 웃음은 다르다는 것이다.

웃음치료는 건전한 치료활동이므로 기분이 맑아지는 효과도 가져온다고 할 수 있는 것이다.

주제 3 스트레스를 해소함: "경제권이 없는 노인들은 가정사의 사소한 일에도 노심초사하고 자녀들의 눈치를 보면서 스트레스를 느끼고 있었다. 따라서 집안에서는 웃을 일이 있어도 마음대로 웃지 못하는 답답함을 또래 노인들과 함께하는 웃음치료를 통하여 해소할 수 있었다." 노인들은 그 동안 자식들을 키우느라 즐거운 일도 많았겠지만 많은 고생도 많았다고 할 수 있다. 그런데 노인이 되면 자녀들과의 관계가 큰 문제이다. 서로 대화가 다르고 생활환경도 다르기 때문이다. 그러나 웃음치료 활동은 그러한 문제들을 잊게 하고 체계적인 웃음으로 즐거움과 건강을 주기 때문에 스트레스를 해소하는 효과를 준다.

"자녀들에게 잘하고 싶은데 잘 안될 때, 살다보면 그게 제일 고민인 것 같아. 뜻대로 안되면 속상하잖아. 그런데 웃을 수 있는 그 뭐가 오면 술 한 잔 먹은 듯이 시원하다고 그래야 되나. 마음이 그냥 해소가 되는 게. 웃음이 참 좋은 것 같아."

특별히 노인 분들은 신체적 혹은 경제적으로도 자유스럽지가 못하여 스트레스를 가지고 살 수밖에 없다. 그러므로 그러한 분들에게 웃음치료를 하게 되면 스트레스에서 벗어날 수가 있다. 이것은 남녀노소 누구에게나 가능한 일이다.

주제 4 잡념을 잊게 함: "노인들은 살아가면서 생기는 사소한 일도 걱정하고 또 그런 생각이 없을 때는 과거의 후회스러웠던 일들을 떠올리며 상념에 잠기기가 일쑤였다. 이러한 잡념으로 인해 살아가는 것이 즐겁지 않은 날들이 많아지고 심하면 우울증까지 생기기도 하였다. 웃음은 웃는 동안의 몰입으로 다른 생각으로부터 벗어날 수 있어서 일상의 걱정거리나 잡념을 잊을 수 있는 돌파구가 되었다." 노인들은 물론 젊은 사람들에게도 잡념은 많다. 인간의 뇌에는 하루에 오만가지 생각이 오고 간다는 말이 있듯이 모든 사람들에게는 그만큼 잡념이 많이 생기는 것은 당연한 일이다. 그런데 많은 부분에서 제약이 있는 노인들의 잡념은 건강에도 나쁜 영향을 끼치는 일이 많을 것이다. 모두가 바쁘게 살 수밖에 없는 현대인들의 삶은 터놓고 얘기할 가족들도 거의 없는 실정이다. 이러한 노인들에게 할 수 있는 가장 좋은 방법은 역시 웃음치료 프로그램이 될 것이다.

"모든 잡념들을 다 잊어버리고, 밥하는 거 하고, 자녀들을 다 잊어버리고 웃는데 만 집중하니까 얼마나 좋아."

웃음치료는 무엇보다도 잡념을 잊게 하고 우울증을 해소하는 효과가 있다. 웃는 순간에는 잡념이나 걱정이 들어갈 수가 없기 때문이다.

고통을 잊고 긍정적 마음을 가짐: "많은 상실을 경험하여온 노인들에게 웃음으로 느끼는 마음의 세계는 삶을 바라보는 새로운 시각을 열어주었다. 극진한 고통이 웃음 속에서 녹아 웃음과 웃음 이면의 세계를 통합적으로 느낄 수 있게 하였다. 그리하여 고통조차도 삶의 과정 안에서 포용하고 일어설 수 있는 힘을 주었다." 참으로 웃음치료는 사람을 살리는 전인적 활동임에 틀림이 없다.

"내가 계속 우울한 생각을 하고 있으면 안 되겠다. 웃음을 통해서 내 생활을 바꾸어야 되겠다. 우울하거나 슬퍼하면 안 되겠다. 돌아간 양반을 위해서도 맨 날 생각하면 무얼 하겠나. 그런 생각이 드네요. 잊어버리고 긍정적으로 살아야 되겠다."

잡념 속에는 문제를 가져오는 고통이 따르게 된다. 그러므로 웃음치료는 고통을 잊고 긍정적인 마음을 가지게 하는 긍정적인 효과를 가져 오게 하는 효과가 있다.

일상의 활력소가 생김: "영화 '노인'에서처럼 반복적이고 특이할 것 없는 무료함이 노인들의 일상적인 모습이다. 이러한 일상에서 자꾸 생각나고 저절로 웃어지게 하고, 내일이 기다려지게 하는 것은 웃음이 생활 속의 활력소로 들어왔기 때문이다." 웃음치료 활동에서 경험한 좋은 영향력은 그동안 무료하게 지냈던 과거의 삶에서 벗어나 즐거움을 가지도록 인도해주는 효과로 잘 살아보려고 하는 능력이 생긴다고 할 수 있다.

"평소에는 그냥 잠잠하게 있잖아요. 그런데 이제 신이 나는 것 같고, 뇌가 활동을 하는 것 같아요. 끝나고 집에서도 가르쳐 주시는 걸 생각해보고 손가락도 이렇게 해보고 자주 뭔가를 하게 돼요."

웃음의 생활화는 우리의 삶에 기쁨을 가져다주고, 일상의 활력소가 된다. 웃음치료 시간에 배운 것 몇 가지만 실천해도 건강에 좋은 효과를 가져 오게 된다.

함께 웃어서 배가되는 즐거움: "노인들은 집에서는 웃을 거리가 없어서 웃지 않게 되고, 웃어도 소리 내어 시원하게 웃을 일이 자주 없다. 웃음치료를 통한 웃음은 여럿이 함께 웃으면서 서로의 웃음 속에서 너와 나의 웃음을 함께 즐길 수 있어서 그 기쁨을 배로 느낄 수 있었다."

"우리끼리 있으면 웃는다 해도 그리 크게 웃는 일은 없거든요. 앞서 선생님이 이렇게 이끌어주니까 크게 웃을 수 있고 더 많이 웃을 수 있지요."

이처럼 여러 사람 즉 30명 정도의 사람들이 함께 웃으면 더 크고 좋은 효과를 가져 온다. 혼자 웃기에는 부 자연스럽다. 그러나 함께 웃을 때 자연스럽고 웃음의 극대화를 가져오게 된다.

추억을 되살리며 젊어짐: "노인들은 즐거워도 슬퍼도 추억을 떠올리고 시공간을 초월하여 의미를 부여한다. 웃음은 즐거움을 유발하는 정서로서 인생을 통하여 가장 순수하게 가장 많이 웃었던 시절로 돌아가게 하여 몸도 마음도 그 시절의 활력과 열정을 느낄 수 있게 하였다." 웃음은 긍정의 에너지를 발산하는 힘이 있다. 크게 한번 웃을 때 자신감이 생기고 즐거워진다. 특히 그동안 가졌던 추억을 생각하며 웃는 것은 생활의 활력소를 가져오며 옛날의 추억을 생각하며 스스로 젊어지는 효과를 가져 오게 한다.

"웃음치료하면서 노래도 나오고 하니까 어릴 때 생각도 나고 동심으로 돌아가고, 늙어도 항상 마음은 젊게 살려고 하는데 늙어도 오늘 너무 재미있더라고. 옛날 학교가면서 노래하던 그 추억이 머리에 떠도네요."

웃음치료 시간에 기타나 하모니타에 맞추어 부르는 고향의 봄, 고향 땅, 과수원길, 아리랑 등의 노래는 추억을 되살리는 효과가 있었다.

웃음치료에는 웃음을 유발할 수 있는 노래, 율동, 유머 등의 프로그램을 통하여 진행한다. 그 가운데 고향을 생각하는 등 과거를 되살리는 시간에는 즐거워하게 되며, 자연스럽게 웃음이 나오게 되는 경우가 많다.

기대하는 일이 생김: "노인들은 스스로 웃음이 피어나지 않는 마음에 누군가가 지속적으로 웃음의 씨앗을 뿌려주기를 기대하였다.

특히 여성노인에 비해 감성을 억압하고 있는 남성들은 좀 더 자연스럽게 웃음이 유발될 수 있는 유머를 원하고 있었다." 노인이 되면 기대감이 상실될 것임이 분명하다. 특히 남성들의 기대감은 여성보다 더할 것이다. 기대감이 상실된 노인들에게 웃음치료 활동은 사라져가는 기대감을 떠올리는 효과를 가져 온다고 할 수 있다.

"웃음이 이 감정이 올라가면 딱 웃음이 나와서 웃는 것하고 억지로 이래 웃는 것하고는 틀리거든. 자연스럽게 올라가서 나오는 웃음이 필요하다 말이야. 노래하고 율동하는 건 좋지. 즐거운데 순간적으로 막 끓어올라서 웃는 건 아니었지."

웃음을 유발하는 적절한 유머는 웃음치료에 많은 도움을 받는다. 유머퀴즈나 재미있는 얘기, 일상생활에서 경험했던 웃음이 나올만한 사건 등을 제시한다.

성경적 웃음치료[27]는 '항상 기뻐하라(살전 5:16)'는 웃음치료의 당위성을 알 수 있다. 기뻐하는 최고의 방법이 웃음이기 때문이다. 항상 기뻐하고 웃는 것은 하나님의 명령이며 뜻이다. 그러므로 반드시 기뻐하고 웃으며 살아야 한다.

라원기는 웃음치료의 성경적기초[28]에 대하여 논의한 내용은 다음과 같다.

'하나님이 그 지으신 모든 것을 보시니 보시기에 심히 좋았더라 (창 1:31)' "웃음을 우리 인간에게 창조하신 하나님은 인간의 죄와 어리석음으로 말미암아 비웃음을 보낸다. 웃음이 가득한 에덴

---

27) 조순배 편저, 「웃음치료 이론과 실제」(경기 시흥: 도서출판 생명샘, 2006), "성경적인 웃음치료의 이론과 실제(양순선: 한국웃음치료학교 교육부장)," pp. 34-36.

28) 라원기, "성경안에 나타난 웃음치료에 관한 연구" 학위논문 석사, 호남신학대학교 기독상 담대학원, 2005, pp. 34-35.

에서 추방된 인간은 웃음을 잃어버린 실낙원 상태의 고통을 경험하고 온갖 비웃음과 거짓웃음이 세계를 뒤덮는다. 하나님의 구원 계획으로 웃음을 회복시켜 주는 사역이 시작된다. 자기백성의 입가에 웃음이 가득하여 찬양할 수 있는 치료 목표를 설정하고 그 사역이 역사 속에서 실행되었다(시 126:16)."

그는 웃음치료의 성경적 기초를 기독교 핵심으로 복음에 연관지었다. 참으로 어두운 이 세상에 사는 자들에게 하나님도 웃고 사람도 웃게 하는 기쁜 소식이라는 것이다. 그런데 기쁜 소식 안에는 그리스도가 지신 십자가의 고통과 죽음을 통과한 부활(resurrection)이 함께 했다는 것이다. 참으로 웃음은 고통 후에 오는 귀한 열매라 생각된다.

그리고 웃음은 성령의 소산이라고 했다. 성령은 기쁨의 열매를 맺고 그 기쁨(Joy)은 웃음으로 표현되기 때문이다. 천국은 희락과 평강이 넘치는 곳이다. 그러므로 웃음은 하나님의 작품이라 할 수 있다. 더 나아가 웃음치료는 모든 사람들의 구원으로 기쁨을 주기 위한 선교적 명령, 웃음이 마음의 즐거움을 주어 질병의 예방과 치료의 도구라고 한 말에 공감한다.

솔로몬을 통해 주시는 건강의 비밀이 위의 말씀들 속에 계시되어 있다. 사람의 건강은 심령에 의해서 좌우된다는 사실이다. 살고 죽는 생명의 원리가 마음에 달려 있다. 그래서 마음을 지키고 건강하게 하는 것이 건강하게 장수하는 비결이다. 심령이 건강하면 능히 어떤 병도 이길 수 있다. 그러면 성경에서 말하는 마음이 건강의 키워드라는 사실을 구체적으로 함께 살펴본다.

1) 부정적 마음은 만병의 원인이다

a) 근심과 걱정, 염려와 불안은 스트레스를 유발한다.

"마귀는 성경에서 '디아볼로스'로 성경에서 36회나 사용되고 있으며 중상자, 비방자, 참소자, 밀고자, 이간자, 거짓 고소자이다(마 4:1:5; 눅 4:2; 요 13:2; 행 10:38). 헬라어 '디아볼로스'는 '디아(정)와 '볼로스(쪼개다, 사이를 내다)'는 단어의 합성어이다."

마귀는 인간과 인간 사이를 갈라내는 존재이다. 마귀는 마음에 부정적인 마음을 갖게 하여 우리들의 마음을 산산히 부셔 놓는다. 우리의 마음을 갈라놓고 웃음과 기쁨을 훔쳐가는 존재이다. 근심걱정을 주어 불면증과 식욕부진 등의 문제를 야기한다. 이것은 체험해 본 자마다 알만한 일이다.

b) 시기와 미움, 분노와 다툼은 스트레스를 유발한다.

"돌은 무겁고 모래도 가볍지 아니하거니와 미련한 자의 분노는 이 둘보다 무거우니라 분은 잔인하고 노는 창수 같거니와 투기 앞에야 누가 서리요(잠 27:4), 마음의 화평은 육신의 생명이나 시기는 뼈의 썩음이니라(잠14:30)"

우리가 시기와 미움, 분노와 다툼으로 스트레스를 받으면 암세포가 생기는데 하루 5천~1만 개가 생긴다고 한다. 스트레스가 암의 제일 원인이다. 스트레스 없이 건강하게 살 수 있는 방법이 웃음이다. 15초 동안 길게, 크게, 허리가 끊어질 정도로 웃으면 건강에 큰 유익이 있다.

c) 교만과 악, 죄가 스트레스를 유발한다.

"악을 뿌리는 자는 재앙을 거두리니 그 분노의 기세가 쇠하리라 (잠 22:8), '사람의 마음의 교만은 멸망의 선봉이요 겸손은 존귀의 앞잡이니라(잠 17:12)"

심는 대로 거두는 법칙과 같이 사람이 교만하여 죄악가운데 지내고 죄악을 저지를 때 많은 스트레스를 받게 된다. 불면증에 노출되며, 악몽에 시달리게 된다. 그러므로 건강하지 못하며 장수하지 못하는 경우가 많다.

성경에서 교만과 악은 하나님이 싫어하시는 대표적인 죄이므로 교만과 악을 버리고 항상 기뻐하는 삶을 살아야 할 것이다. 하나님을 기쁘게, 이웃을 기쁘게, 나 자신을 기쁘게 하는 삶을 살아야 한다. 교만과 죄악을 멀리하고 기쁘고 웃으며 건강하게 살 수 있는 방법이 웃음치료라 할 수 있다.

2) 긍정적인 마음은 질병을 예방하고 치료한다

　ㄱ. 즐겁게 웃고 살 때 양약이 된다.
'마음의 즐거움은 양약이라도 심령의 근심은 뼈로 마르게 하느니
라(잠 17:22)', '마음의 즐거움은 얼굴을 빛나게 하여도 마음의 근
심은 심령을 상하게 하느니라(잠 15:13)'

　ㄴ. 긍정적인 말이 마음을 치료하고 육체를 건강하게 한다.
'선한 말은 꿀송이 같아서 마음에 달고 뼈에 양약이 되느니라(잠
16:26)', '충성된 사자는 그를 보낸 이에게 마치 추수하는 날에
얼음냉수 같아서 능히 그 주인의 마음을 시원하게 하느니라(잠
15:13)', '악한 사자는 재앙에 빠져도 충성된 사신은 양약이 되느
니라(잠 13:17)'

　ㄷ. 믿음으로 사랑하며 평안하게 살면 영육이 강건해진다.
'무릇 지킬만한 것보다 더욱 네 마음을 지키라 생명의 근원이 이
에서 나느니라(잠 4:23)', '스스로 지혜롭게 여기지 말찌어다 여호
와를 경외하며 악을 떠날찌어다 이것이 네 몸에 양약이 되어 네
골수로 윤택하게 하리라(잠 3:7-8)'

　박영민은 "성령님은 기쁨과 웃음의 영[29]"이라고 했다.
　이처럼 성령은 우리에게 즐거움과 기쁨을 주는 영적 존재임을 알
수 있다. 즐거움과 기쁨이 우리에게 오면 우리들은 온유한 마음을
가질 수 있게 된다. 단단한 심령이 깨어지고 온유한 생명이 된다.그
리고 "진정한 기쁨과 웃음은 새 영으로 인하여 부드러워진 마음에
누울 자리를 얻고 깃들 처소를 얻게 된다."라는 말에 공감하면서 성
령의 오심을 기다리는 웃음치료 사역이 이루어졌으면 한다.
　이와 같이 희락은 성령의 열매이다. 그 열매인 희락 곧 기쁨과 웃

---

29) 박영민, 「예수님의 웃음초대」(서울: 도서출판 토기장이, 2006), pp. 138, 139.

음은 우리 인간들의 풍요로운 삶에 꼭 필요한 요소라 할 수 있다. 성령의 열매가 희락 곧 기쁨과 웃음이지만, 웃음 자체가 성령의 열매를 견인하지는 않는다. 그러나 성령의 열매인 희락 즉 기쁨과 웃음을 늘 추구하고 실천해 나아갈 때 하나님의 말씀인 '항상 기뻐하라(살전 5:16)'를 실천하는 것이 되어 성령의 열매인 희락의 은혜로 인도함을 받게 되리라 생각한다.

특히 최근에는 웃음이 인체에 여러모로 유익하게 영향을 미친다는 사실이 과학적으로 입증됐고 더 정확한 실체를 밝혀내기 위해 지속적인 연구를 계속하고 있다. 미국 UCLA 대학병원의 이차크 프리드 박사는 최근 뇌 속에서 '웃음보'를 발견해 관심을 끌었다. 그는 간질을 치료하던 중 왼쪽 대뇌의 사지통제 신경조직 바로 앞에 표면적 4㎠의 웃음보를 우연히 발견했다. 대뇌와 소뇌 중간에 위치한 500원짜리 동전 크기의 웃음보는 우리를 즐겁게도 하고 웃게도 하는 웃음을 관장하는 웃음 뇌라고 발표했다. 이 의료팀에 따르면 뇌수술 도중 우연히 뇌의 중간 부분에 위치한 동그란 부분을 발견했고 그 부분을 자극한 결과 환자가 저절로 웃음을 터뜨렸다고 한다. 미국 UCLA대학병원의 이츠하크 프리드 박사는 뇌에서 발작을 일으키는 부분을 찾기 위해 16세 소녀 환자의 옆머리에 전극을 부착해 자극을 주면서 환자에게 그림책 보기, 발가락 구부리기 등을 지시했다고 한다. 그런데 환자는 갑자기 씩 웃더니 웃음보를 터뜨렸다는 것이다.[30]

하나님은 창조물 중 사람들에게만 웃음보를 선물로 주셨다. 성경은 '항상 기뻐하라(살전 5:16)'고 하셨다. 하나님께서 주신 기뻐하라

---

30) Ibid., p. 172.

는 말씀은 웃음보를 감사히 잘 사용하면 복을 주신다는 말로 해석할 수 있을 것이다.

인간들에게 웃음보를 주신 하나님은 그 웃음보를 미국의 이자크 프리드에게 찾게 하셨다. 웃음보의 발견은 웃음을 통하여 치유와 기쁨을 주게 하는 결과를 가져왔다고 생각된다.

일반적 웃음치료

웃음치료란[31] "웃음으로 치료함을 말한다. 신체적, 정서적, 정신적, 사회적, 문화적으로 불리함을 웃음으로 예방, 재활, 치료함을 말한다." 이것은 모든 치유활동에도 다소 공통성이 있음을 말한다고 볼 수 있다. 치유활동에 여러 가지 차이점 들이 있겠지만, 웃음치료는 우리 몸의 모든 부분에 긍정적 전인적 치유를 가져오는 좋은 치유법이라 생각할 수 있다.

웃음이 나올 수 있는 소재는 다양하다고 할 수 있는데 "자연, 음악, 그림, 글, 공연, 영화, 상상, 체험, 댄스, 노래, 미술, 여행, 레포츠, 레크리에이션, 유머, 퀴즈, 억지웃음" 등이다.

이와 같이 웃음치료는 신체적, 정서적, 정신적 등의 문제를 웃음으로 치유 및 완화, 예방과 특별한 도구나 의료장비가 없어도 건강에 도움을 주는 좋은 도구임에 틀림이 없다.

웃음에 관한 견해

이상근에 의하면 "웃음에는 다양한 인간적 감정이 담겨 있기 때

---

31) 다음 카페 사회자 클럽, 영화배우 권성중 "웃음치료란 무엇인가?"

문에 그것을 야기시키는 요인도 다양할 수밖에 없다. 여기에는 여러 가지 설이 있다."

플라톤: 질투의 감정에 쾌감이 가미된 것이 웃음이다. 한 마디로 잘못되기를 바라는 원수와도 같은 사람에게 나쁜 문제가 생겼을 때 나오는 부정적 의미의 웃음이라 할 수 있다.

데카르트: 자기와 비교하여 타인의 단점과 불완전성을 보고 자신의 우월성을 느끼는 것이 웃음을 유발한다. 사람들은 남보다 자기 자신이 더 우월하다고 하는 경향이 높다고 할 수 있으며, 남들의 잘못이나 부족한 면을 보고 웃음이 나오는 것으로 이것도 부정적인 의미에 속한다고 볼 수 있다.

홉스: 돌연히 나타난 승리의 감정. 승리의 감정에는 패배한 자도 있을 것임으로 이것도 그다지 긍정적인 것이 아닌 것이 확실하다.

칸트: 무엇인가 중대한 것을 기대하고 바싹 긴장해 있을 때 예상 밖의 결과가 나타난다. 그 순간 갑자기 긴장이 풀려 우스꽝스럽게 느껴지는 감정의 표현.

쇼펜하우어: 추상적으로 생각했던 일과 현실 사이의 불일치를 자기 파악했을 때 웃음이 유발된다. 예를 들면 귀부인이 바나나를 밟고 넘어진다거나 어린이가 어른의 바지를 입었을 때 등이다. 주로 코메디나 개그프로에서 많이 볼 수 있는 소재이다. 바보 역할을 하는 자들은 콧물을 그린 그림을 달고 나온다거나, 내복을 입고 나오며, 한 쪽 다리의 바지를 걷고 나와서 웃음을 유발하기도 한다.

저스틴: 놀람과 기대의 어긋남에서 웃음이 생긴다.

니체: 웃음을 포함하지 않은 웃음은 진리가 아니다. 지상에서 가장 고민 많은 사람이 만들어낸 것이 웃음이다.

빅토르 위고: 인생이 엄숙하면 할수록 그만큼 유머는 필요하다.

윈스턴 처칠: 유우머의 양념은 기쁨이 아니고 슬픔이다.

끄로체: 눈물 속에 웃음 있고 쓴웃음이며 희극적인 것으로부터 비극적인 것에로의 돌연한 비약.[32]"

이처럼 웃음에 대한 견해는 웃음 자체는 건강에 좋으나, 타인의 단점이나 불완전성, 질투의 감정에 쾌감이 가미된 것이 웃음이라는 다소 부정적인 원인으로 웃음이 나온다는 면을 찾아볼 수 있다. 그러나 웃음은 부정적인 사실 속에서도 터져 나올 수 있지만 그럼에도 불구하고 그러한 상황 속에서도 치료의 효과를 가져 온다는 사실은 간과할 수 없는 일이다.

웃음의 종류

이상근은 웃음의 종류에 대하여 다음과 같이 정리했다.

"웃는다. 웃지 않고 사는 사람은 없다. 그러나 그 웃음은 경우에 따라 제각각 다른 의미를 갖는다. 기쁜 일, 우스운 일, 멋쩍은 일, 서글픈 일, 기막힌 일 따위에 직면했을 때 웃는다.

· 미소(微笑): 소리를 내지 않고 빙긋이 웃는 웃음.

· 실소(失笑): 알지 못하는 사이에 툭 터져 나오거나 참아야 할 자리에서 터져 나오는 웃음.

· 홍소(洪笑): 크게 입을 벌리고 떠들썩하게 웃는 웃음.

· 폭소(爆笑): 여럿이 폭발하는 갑자기 웃는 웃음.

· 목소(目笑): 눈으로만 웃는 웃음, 눈웃음.

---

32) 이상근, 「해학 형성의 이론」(서울: 경인문화사, 2002), pp. 28, 29.

· 비소(鼻笑): 코끝으로 가볍게 비웃는 웃음, 코웃음.

· 비소(非笑): 비난의 뜻으로 웃는 웃음, 비웃음.

· 냉소(冷笑): 쌀쌀한 태도로 업신여겨 웃는 웃음.

· 고소(苦笑): 어이없어서 웃는 웃음, 쓴웃음.

· 조소(嘲笑): 조롱하는 태도로 웃는 웃음.[33]"

이 밖에도 대소(大笑)가 있다. 대소에는 손바닥을 치며 크게 웃는 박장대소, 뱃살을 치며 크게 웃는 뱃살대소, 책상을 치며 크게 웃는 책상대소 등이 있다.

성경에는 '항상 기뻐하라(살전 5:16)', '주 안에서 항상 기뻐하라 내가 다시 말하노니 기뻐하라(빌 4:4)', '마음의 즐거움은 양약이라도 심령의 근심은 뼈로 마르게 하느니라(잠 17:22).' 등 긍정적인 기쁨과 웃음에 관한 종류가 있다는 것을 알 수 있다. 그러나 "부정적인 뜻으로 쓰인 웃음의 종류[34]"도 있다는 것도 알 수 있다.

웃음치료의 효과[35]

a) 건강과 장수

"미국 메모리얼 병원 외래환자 대상으로 연구결과 스트레스 호르몬인 코티졸의 양을 줄여주고 유익한 호르몬을 많이 분비함으로써 하루 15초 웃으면 이틀을 더 오래 산다고 발표했다."

---

33) Ibid., p. 29.

34) 라원기, "성경안에 나타난 웃음치료에 관한 연구," 학위논문 석사, 호남신학대학교 기독상 담 대학원, 2005, p. 36.

35) 성경적인 웃음치료의 이론과 실제(양순선: 한국웃음치료학교 교육부장), pp. 37, 277.

b) 미국 메릴랜드 대학 메디컬센터 - 예방 심장학과

웃음이 심장병을 예방하는 효과가 있다고 밝혀냈다. 심장병 병력이 있는 사람들은 웃음이나 유머로 난처한 상황을 넘기기보다는 화를 내거나 적대감을 표시하는 경우가 건강한 사람보다 훨씬 큰 것으로 나타났다. 즉 '웃음이 명약'임이 맞다는 사실을 증명한 것이다.

c) 캘리포니아주 - 로마린다 의과 대학

"웃음과 면역체에 대한 연구에서 웃을 때 체내에서 병균을 막는 항체인 인터페론 감마 호르몬이 많이 분비된다는 것을 밝힘. 웃음이야말로 대체의학이 아니라 참 의학이라고 주장했다."

d) 일본 - 동경의대

"만성통증 환자들에게 최소한의 약물과 웃음 권장량을 처방했다."

e) 신경계
* 웃음은 신체 전 기관에 긴장을 완화시킨다.
* 암 환자의 통증을 경감시킨다.
* 엔도르핀과 엔케팔린 - 통증을 억제하는 물질
* 억지웃음의 효과
* 안면 피드백 효과

f) 호흡기계
* 웃으면 산소공급이 2배로 증가하여 머리가 좋아진다는 임상
  결과가 나옴

* 웃을 때 심장박동수가 2배로 증가하고, 폐 속에 남아있던 나쁜 공기를 신선한 산소로 빠르게 바꾸어 준다.
* 복식호흡을 해야 무병장수하는데 의식적으로 훈련하지 않아도 웃을 때 자동적으로 복식 호흡이 된다.

g) 심혈관계
* 웃음으로 스트레스와 분노, 긴장을 완화시켜 심장 마비를 예방할 수 있다.
* 웃음으로 동맥이 이완되기 때문에 혈액의 순환과 혈압이 낮아진다.
* 폭소는 긴장을 풀어주고, 혈액 순환을 도와 질병에 대한 저항력을 증가시킨다.
* 웃음 - 부교감 신경 자극
* 분노, 불안, 초조, 짜증 - 교감신경 자극

h) 소화기계
"기분이 좋을 때 소화호르몬이 촉진되어 음식물의 소화를 돕는다. 웃음은 천연소화제이다."

i) 비뇨기계
"요실금 예방, 정력 강화"

j) 근육계
* 쾌활하게 웃으면 우리 몸의 650개 근육 중에 231개의 근육이

움직인다.

* 웃을 때 얼굴 근육은 15개가 움직인다.
* 한 번 웃는 것은 에어로빅을 5분 동안 하는 운동량이다.
* 웃음은 가슴과 어깨 주위의 상체근육 운동 - 오십견을 예방 하는 효과가 있다.

k) 내분비계

"웃음은 혈액 내 아드레날린과 스트레스 호르몬인 코티졸의 양을 줄여준다. 웃음 뒤엔 침에서 IgA 농도가 증가한다. 감기 예방효과가 있다."

l) 면역계

"웃음은 암도 치료한다. NK-Cell(자연살상세포), 엔도르핀, 인터페론 감마의 분비를 증가시킨다."

m) 다이어트

3분 웃으면 11칼로리 소모된다.

웃음은 만병을 치유하고 건강을 유지케 하며 행복과 성공을 안겨다 주는 통로이다. 그러나 어떤 상황에서도 웃지 않고 화내면 스트레스 호르몬, 코티졸, 아드레날린, 노르 아드레날린 등이 뇌에서 분비된다. 스트레스 호르몬은 면역력을 감소시키고 280가지 질병을 불러 들인다.

n) 그 외 웃음치료의 효과성[36]

스탠포드 의대의 윌리엄 프라이박사는 40년 동안 웃음과 건강에 대하여 연구를 실천한 학자로 「약으로서의 웃음」이라는 책에서 웃음의 생리적 효과를 다음과 같이 요약했다.

- 뇌하수체에서 엔도르핀이나 엔케팔린과 같은 자연 진통제가 만들어진다.
- 부신에서 통증과 신경통 등의 염증을 치유하는 신비의 화학물질이 나온다.
- 동맥이 이완되어 혈액 순환이 좋아지고 혈압이 낮아진다.
- 웃음은 신체의 모든 기관에 긴장 완화를 시켜준다.
- 웃음은 혈액 내의 코티졸(cortisol)의 양을 감소시킨다.
- 스트레스와 분노 그리고 긴장의 완화로 심장마비를 예방한다.
- 웃음은 심장박동수를 활성화시키고 혈액 순환을 돕고 몸의 근육에 영향을 미친다.
- 뇌졸중의 원인이 되는 순환계의 질환을 예방하고 치유한다.
- 암 환자의 통증을 경감시키고 호전시켜 건강케 만든다.
- 3~4분의 웃음은 맥박을 배로 증가시키고 혈액에 더 많은 산소를 공급한다.
- 가슴과 위장과 어깨주위의 상체 근육의 운동을 한 것과 동일한 효과를 준다.

이와 같이 웃음과 유머는 인간의 모든 신체에 건강을 주며, 공부

---

36) 류종훈, 「웃음 치료학의 이론과 실제」(파주: 21세기사, 2005), pp. 87-89, 93.

를 하는 학생들에게도 유익하다고 할 수 있다.

(1) 웃음과 유머는 학문의 이해도를 높이며 잘 생각나게 한다.

(2) 적극적이고 즐거운 상황을 제공한다.

(3) 자발적이고 긍정적인 학습 태도를 갖게 한다.

(4) 수업 태도가 좋아져서 실력이 높아지게 한다.

(5) 이해도의 성장을 가져오게 한다.

(6) 모범생이 되게 한다.

(7) 자존감이 높아지게 한다.

(8) 학생과 선생님의 관계를 개선하게 한다.

미국웃음요법협회(플로리다 주 올랜도시 500명의 의사와 간호사 모임) 배리 비트맨 정신과 의사는 웃음이 인체의 항체를 높이는데 큰 효과가 있다고 연구된 내용을 발표하였다. 비트맨은 웃음요법이 기존의 질병치료법을 대체하는 것은 아니지만 보완하는 것이라고 강조하면서, 환자가 기존의 방법대로 치료를 받으면서 웃음요법을 병행하면 탁월한 질병 치유 효과를 볼 수 있다고 하였다. 비트맨은 웃게 만드는 비디오를 환자들에게 보여준 후 그들의 혈액을 검사해본 결과 현저하게 엔도르핀의 증가가 있었다는 연구결과를 발표하였다. 이 연구결과를 토대로 하여 다음과 같은 효과를 기대해 본다.[37]

이에 대한 웃음치료 프로그램은 본 논문 뒤편에 소개된 웃음 퍼올리기와 건강 박수치기 등이 있다. 웃음이나 박수는 우리의 몸의 온도를 높여주는 효과가 있다. 그러므로 필자도 웃음치료 프로그램

---

37) Ibid.

을 진행하는 동안 몸이 더워져서 웃옷을 벗고 진행하는 경우가 많았다. 그리고 웃음치료는 체계적으로 할 경우 살을 빼주는 효과도 있다. 웃음치료학교에서 웃음치료 강사교육은 받은 자들이 6개월 만에 평균 7kg의 살을 빼게 되었다는 말은 웃음치료가 살을 빼주는 효과가 있다는 말이 되는 것이다.

모든 웃음치료 프로그램이 몸의 체온을 올려주어 병에 대한 저항력을 높여준다고 할 수 있다. 비만을 해결하기 웃음치료 프로그램은 무릎 반사운동이다. 무릎 반사운동은 TV를 보면서 매일 40분 정도 실시하고, 웃음과 함께 할 경우 20분 정도면 된다.

특별한 환경에 노출되어 가져오는 것이 아니라면 웃음은 불면증을 감소시키며 안정적으로 잠이 오게 한다. 그리고 웃음의 효과는 감기 예방에도 도움이 되고, 혈압을 낮춰주고 혈액 순환을 돕고 소화력을 높여주는 효과도 있다. 이는 박수를 치는 효과와도 중복되는 면이 많다는 것을 알 수 있다. 즉 박수를 치게 되면 대개 네 가지 효과가 있다고 한다. 박수를 치는 부위가 빨개지며 혈액 순환이 잘되고, 맥박은 빨라지고, 혈압은 내려가고, 체온은 올라간다는 것이다. 이는 웃음치료 프로그램을 진행하는 경우 건강 웃음 박수를 할때 소개되는 내용인데 웃음과 박수는 서로 합력하여 시너지 효과를 가져오는 건강법이라 할 수 있다.

필자는 실제로 속이 쓰릴 때 거울을 보며 박장대소로 웃었더니 편안하게 된 적이 있었다.

이처럼 웃음치료는 우리의 몸의 건강을 지켜 주는 유산소 운동이라고 할 수 있으며 관절염 치료나 천식의 치료, 장수에 효과가 있다고 할 수 있다.

무엇보다도 웃음은 암을 없애주며 우리 몸의 저항력을 높여주는 효과가 있다.

세계적으로 웃음치료가 시작된 동기도 웃음치료의 창시자인 로먼 커즌스가 웃음을 통해 암에서 해방되었기 때문이다. 물론 병에 대한 치유는 먼저 일반적인 의학을 이용해야 하겠지만 웃음을 통해 암을 낫는다는 것은 웃음치료의 효과에 대한 다양한 연구를 통하여 인류에 큰 유익을 가져와야 한다고 생각한다.

이처럼 웃음은 사람들에게 수많은 부분에서 건강을 제공해 준다. 그리고 웃음은 인간관계 개선에도 유익을 준다. 그러므로 웃는 사람에게 복이 오고, 성공을 가져다 준다.

"어떤 할아버지가 동네 시장에서 과일을 사와서 먹어 보니 맛이 없었다. 워낙 급하고 까다로운 성격인 그분은 불같이 화를 내며 당장 가게로 달려갔다. 아주 못 먹을 정도는 아니어서 식구들이 말렸으나 막무 가내였다. 그리고는 한참 뒤에 집으로 돌아오는데, 예상과 달리 환한 얼굴이었다. 평소에도 웃음기라고는 별로 없는 할아버지가 다른 과일까지 한 봉지 더 사들고 오니 놀랄 노릇이었다. 이어 그의 이야기를 듣고 식구들은 배꼽을 잡았다.

맛없는 과일을 팔았던 그 가게를 찾아가서, '맛없는 과일을 맛있다고 속여서 팔면 되느냐?'라며 야단을 치니 웬만한 사람 같으면 '무슨 엉뚱한 소리냐?'고 시치미를 뗄 터인데 가게 주인 여자가 한참 듣더니 갑자기 밝은 웃음을 지으며 '할아버지 세상에 순진하기도 하셔라, 장사꾼 말을 그렇게 다 믿는 사람이 어디 있어요?'라고 하더란다. 그리고 되가져 온 과일을 꺼내 한 입 베어 먹더니 한술 더 떴다. '내가 먹어 봐도 별로인데 할아버지가 그러시는 것도 당연

하겠네요'라고 하면서 어안이 벙벙해진 노인에게 다른 말을 할 틈
도 주지 않고 얼른 과일을 바꾸어 주었다. 이 아주머니의 웃음과 재
치에 할아버지는 기분이 좋아져서 다른 과일을 한 바구니 더 사게
되었던 것이다.38)"

　이처럼 웃음은 사람의 마음을 부드럽고 따뜻하게 만드는 힘이 있
다는 것이다. 웃음은 우리 모두가 가지고 있는 힘이라 할 수 있다.
모든 사람들 개인이나, 복잡한 사회에서 웃음은 좋은 영향력을 미치
게 된다. 그러므로 웃음은 우리 몸의 건강과 인간관계의 좋은 영향
을 끼치는 힘이라고 할 수 있다. 웃는 사람이 장사를 해도 이윤을
많이 남기고, 웃는 사람에게 더 좋은 물건과 함께 다른 사람들보다
더 주게 되는 효과가 있다. 그러므로 웃음은 건강을 주며, 불편한
관계를 개선하고 성공을 가져다준다고 할 수 있다.

　o) 웃음은 성공을 가져다준다.
　2010년 벤쿠버 겨울올림픽에서 여자피겨 스케이팅 금메달을 목
에 건 김연아 선수도 웃음으로 세계최고의 피겨여왕이 되었다.
　오서 코치는 그의 책「한 번의 비상을 위한 천 번의 점프」에서
김연아의 첫인상에 대해 이렇게 묘사하였다. '처음 연아를 만났을
때 그녀는 무표정한, 아니 거의 화난 사람 같은 얼굴로 스케이트를
타고 있었다. 정확한 기술구사와 빠른 스피드, 유연성 등 재능은 있
었지만 그녀의 불행해 보이기까지 하는 얼굴이 내내 마음에 걸렸다.
아직 어린 꼬마 숙녀가 멋진 스케이팅을 하고 있으면서 전혀 기뻐

---

38) 박영민, 「예수님의 웃음초대」(서울: 도서출판 토기장이, 2006), pp. 94, 95.

보이지 않았다. 연아는 …… 깡마르고 아주 긴 몸을 가진 그리고 심각한 얼굴을 하고 있는 어린 소녀였다.' 안무를 담당하고 있는 데이비드 윌슨은 주니어대회를 석권한 정상급 소녀가 왜 웃음이 없는지 알 수 없었다. 그래서 데이비드는 처음 두 주간 아무것도 하지 않고 그녀를 웃기는 노력만 하였다 …… 아무리 힘들 때라도 데이비드는 연아를 웃게 만든다. 데이비드는 연아를 웃게 만드는 법을 알고 있으며 그래서 데이비드만 보면 연아는 기분이 좋아진다. 연아는 웃음을 통해서 긴장을 풀고 모든 희로애락을 쏟을 수 있었기에 그렇게 훌륭한 프로그램을 완성할 수 있었고, 2010 밴쿠버 겨울 올림픽을 통해 가히 혁명적이고 역사에 길이 남을 성과를 거둘 수 있었던 것이다.

웃음은 김연아를 세계 최고의 피겨 여왕으로 만들었다. 그래서 NBC에서 해설위원이 여왕 폐하 만세를 외치게 만들었다.[39]

웃음은 성공을 가져다준다고 할 수 있다. 웃음으로 운명을 바꾼 여인 한 명을 더 소개하고자 한다.

영화 '바람과 함께 사라지다'를 제작했던 감독은 주인공 스칼렛 역할을 맡을 배우를 공개 모집했다. 배우 지망생이었던 '비비안 리'도 오디션을 받았는데 그만 낙방해 버렸다. 실망한 비비안 리는 돌아서면서 제작진에게 아쉬움이 가득 담긴 미소를 지었다. 그런데 갑자기 '우리가 찾고 있던 배우가 바로 저 여자다!'라는 탄성이 심사를 보던 제작진 사이 어디에선가에서 터져 나왔다. 제작진들은 바로 그 아쉬움 속에서도 밝게 웃는 잔잔한 미소에 반했던 것이다. 결국

---

39) 브라이언 오서, 「한 번의 비상을 위한 천 번의 점프」, 권도희(서울: 웅진지식하우스, 2009). 오혜열, 「웃음희망 행복나눔」(서울: 도서출판 멘토, 2011), pp. 67, 68에서 재인용.

그녀는 발탁되었고. 그 영화를 통해서 세계적인 스타가 되었다. 그
때 만약 비비안 리가 낙심해서 뒤도 돌아보지 않고 휑하니 나갔더
라면 어떻게 되었을까. 이처럼 웃음은 그 사람의 운명도 바꾼다.[40]

미국의 37대 대통령이었던 리처드 밀허스 닉슨(Richard Milhous
Nixon)도 인상이 좋지 않아 대통령 선거에 떨어졌으나, 웃음으로
차기 선거에서 대통령으로 당선이 되었다고 한다.

닉슨은 대통령 선거에서 떨어진 후에, 패배하게 된 원인을 분석
하던 과정에서 자신이 방송이나 신문, 잡지, 선거 포스터 등에서 한
번도 미소 짓는 얼굴을 보인 적이 없다는 사실을 발견했다. 이때부
터 닉슨은 선거에서 패한 원인이 다름 아닌 딱딱하게 굳어 있는 자
신의 얼굴이라고 생각하고 본격적으로 표정을 바꾸는 훈련에 들어
갔다.

웃지 않는 사람에게 누가 표를 주겠는가? 결국, 4년이 지난 후에
닉슨은 미국의 대통령이 되었다. 이처럼 표정이 바뀌면 리더의 운명
도 바뀐다.[41]

우리나라의 고 황수관 박사도 웃음으로 성공한 사람 중의 하나이
다. 웃음 훈련을 하지 않았을 때에는 버스만 타면 자주 검문을 당할
정도였는데, 웃음을 훈련하고 나서는 표정도 멋있게 달라지고 유명
한 사람이 되었다.

'신바람 건강박사'라는 타이틀이 붙여진 지가 어느덧 15년이 된
것 같다… 그래서 나를 만나는 사람들은 '도대체 어떻게 살아오셨기
에, 그렇게 늘 웃음이 넘치고, 강의도 쉽고 재미있게 하시는 겁니까?

---

40) 박영민, 「예수님의 웃음초대」(서울: 도서출판 토기장이, 2006), p. 155.
41) 황수관, 「황수관 박사의 웃음치료 유머」(서울: 도서출판 세줄, 2012), p. 4.

그 비결이 무엇입니까?'라는 질문을 자주 받는다. 이런 질문을 받을 때, 나는 종종 지금껏 살아온 시간들을 다시 한 번 되돌아보곤 하는데 나의 그동안의 삶이 늘 웃음꽃 피고 즐거운 시간만은 분명 아니었다.

지독하게 가난했던 어린 시절, 야망과 의지에 불타던 청년시절, 만학의 조교생활 등 집사람과 아이들에게 많은 고생을 시킨 어려운 시절들이 있었다…

어려울수록 기쁜 일을 떠올리고 감사하는 마음으로 사는 것이다. 이처럼 사람의 행·불행은 무엇을 가슴에 품느냐에서 시작된다고 볼 수 있다. 그래서 나는 항상 얼굴에 미소를 띠우고, 좋은 말을 하며, 남에게 친절하려고 노력한다. 그렇게 하면 이 세상에서 큰 성공을 못 이룬다 하더라도 나의 삶과 주위 분들께 조금 더 따뜻하고 그 분들이 행복해 질것이라 믿기 때문이다.

사실, 나는 삶이 즐겁고 행복하게 살 수 있다는 것을 깨달았을 때 거울을 보고 웃는 연습을 많이 했지만, 너무나 어색했고 우락부락한 나의 몰골은 형편없이 구겨져 있었다. 그런 심각한 모습으로 웃는 연습을 하는 내 모습이 웃겨서 히죽 웃고 말았는데 내가 찾고자 하는 모습 그거였다. 나는 비로소 이를 드러내고 아이처럼 웃을 수 있게 되었는데 이게 바로 신바람의 효시(嚆矢)가 아니었나 생각한다.[42]"

황수관 박사는 거울을 보고 웃는 연습을 많이 하여 성공적인 삶을 살았다고 할 수 있다. 지금도 그의 웃는 얼굴이 생각나며 함께 웃음을 지어보기도 한다.

현대 기업경영에도 유머와 웃음은 경영의 성공을 가져다준다. 이

---

42) Ibid., pp. 4, 5.

것을 'FUN'경영이라고 한다.[43] 'Funny(재미)', 'Unique(독특한)', 'Nurturing(양육, 돌봄)'의 영어 단어의 이니셜을 말한다. 펀 경영은 이 세 가지가 가미된 경영인데, 기업은 이윤을 남겨야 살아남을 수 있다고 할 때, 경쟁사에 비하여 재미도 있고, 독특하고, 돌봄도 함께 있어야 성공할 수 있다는 것이다. 그러한 회사 중의 하나가 사우스웨스트 항공사이다. FUN 경영으로 미국 911 테러 사건이 생긴 후에도 흑자를 내고 성공한 항공사이다.

현대 기업경영에 새로운 바람으로 붐이 일기 시작한 '유머경영(Management by Fun)'은 90년대 초 미국기업에서 시작해 유럽 지역에까지 확산되면서 새로운 경영 트랜드로 자리 잡아가고 있고 우리나라에서도 관심을 불러일으키고 있다.

'고객 감동'의 시대를 지나 '고객 절도(絶倒)'의 시대로 나아가는 고객 서비스에서 직장 내에 분위기를 화기애애하게 만들어가기 위한 경영기법으로 자리 잡아가고 있다. 신나고 재미있는 기업문화 만들기에 '유머경영'은 각광 받고 있다. 관료적이고 딱딱한 조직보다 재미있는 조직의 생산성이 훨씬 높기 때문이다. 고객 마케팅에서도 재미가 없으면 장사가 안된다.

미국 사우스웨스트 항공사가 이를 통해 급속한 성장을 이루면서 창의성이 요구되는 21세기형 경영전략의 하나로 주목받고 있다.

신문에서 본 내용인데 참 기발한 아이디어로 손님들을 끌어들이고 있다는 생각을 했다.

이 항공사 비행기 내 배꼽 잡는 안내방송은 주로 이런 식이다.

---

43) 아래쪽에서 소개를 했는데, 웃음치료사 교육을 받을 때 들었던 내용이다.

'손님께서 부득이하게 담배를 피우고 싶다면 언제든 마음대로 비행기 밖 테라스로 나가십시오. 테라스에서는 영화 '바람과 함께 사라지다'가 상영될 예정입니다.'

이와 같이 웃음과 유머는 웃음이 나오게 하여 좋은 회사라는 생각을 주게 하며 이윤까지 챙기는 좋은 도구라 할 수 있다. 또한 웃음과 유머는 서로에게 좋은 이미지와 좋은 관계를 형성한다. 마음을 열리게 하는 좋은 도구이기도 하다.

> 사우스웨스트항공사는 좌석을 파는 것이 아니라 웃음을 판매한다고 해도 틀린 말이 아니다. 비행기를 타고 내릴 때까지 펼쳐지는 승무원들의 개그와 분장 쇼에 승객들이 배꼽을 잡고 웃는다. 그래서 '사우스 웨스트 조크'라는 말까지 생겨났고, 유머경영의 원조격 회사가 되어서 전 세계 기업의 관심을 집중시키고 있다. 이 항공사는 대부분 노선이 단거리 직항로이기에 식음료 서비스도, 지정석도, 화물 자동연계 서비스도 없다. 그런데도 승객들이 사우스웨스트 항공을 찾는 이유는 승무원이 밝게 웃으며 서비스하는 모습이 아름다워 보이기 때문이리라 …… 이제 비즈니스에서도 유머 감각은 필수조건이 되고 있다. 긴장감이 가득한 비즈니스 협상 테이블에서 가볍게 던지는 재치 있는 말 한마디가 분위기를 이완시키고 상대방에게 좋은 인상을 심어주어 마침내 협상이 성사되도록 하는 천군만마 같은 원군 노릇을 하기도 한다.[44]"

사우스웨스트 항공사의 웃음은 손님들에게 질 좋은 봉사와 사원들의 자존감감을 높여주고 기쁨을 주어 회사에 많은 이익을 창출하

---

44) 박영민, 「예수님의 웃음초대」(서울: 도서출판 토기장이, 2006), pp. 148-150.

게 된 것이다.

　웃음은 우리 인간의 삶에 모든 부분에서 긍정적, 성공적인 효과를 준다고 할 수 있다.

　웃음치료와 호르몬의 관계

　　호르몬은 '자극하다'라는 뜻의 그리스어에서 온 말로 혈액을 타고 흐르면서 신체의 균형을 유지하기 위해 각 기관을 자극하고 정보를 전달하는 화학물질을 말한다. 날씨가 춥거나 더워도 체온이 일정하게 유지되고 운동한 뒤 심장박동이 빨라졌다가 점차 정상으로 돌아오고 두통이 생겼다가도 다시 안정적인 상태로 되돌아오는 등의 현상은 호르몬이 각 신체 기관의 상태를 일정하게 유지할 수 있도록 돕기 때문이다. 호르몬의 종류는 80여 가지가 넘으며 내분비계, 뇌내, 면역계 호르몬으로 분류한다. 내분비계 호르몬은 주로 성장 발육 생식 등 생존과 관련된 일을 담당하고 뇌내 호르몬은 감정을 조절하는 기능을 면역계 호르몬은 면역력을 향상시키는 기능을 담당한다. 호르몬의 분비는 나이와 관련이 있다. 예를 들어 당뇨병은 호르몬 분비와 기능에 이상이 생겨 발병하는 대표적인 질환인데 유병률이 30대 0.9% 40대 3.1% 50대 9.6% 60대 17.2% 70대 이상이 되면 19.7%로 높아진다.

　많은 여자 분들은 연세가 들어가면서 주로 여자들에게서 나오는 분비물이 감소하여 어려움을 겪는다. 몸 안에서 나오는 분비물은 자녀를 낳고 살아가는 등의 효과를 갖는다.

　　뇌하수체에서 분비되는 대표적인 호르몬은 성장 갑상선자극 부신피질자극 생식선자극 호르몬 등이다. 성장호르몬은 단백질을 합성하고 지방을 분해한다.

어린이나 중고 학생들의 관심은 정상적인 발달과 성장이라고 할 수 있다. 다른 사람보다 성장세가 높아지면 자존감이나 우월감이 갖지만, 남들 보다 그 수치가 떨어지면 자존감도 떨어지고 내성적인 사람이 되기 쉽다. 그 시기의 학생들에게 성장을 촉진하는 내 분비물의 역할이 중요하다는 것을 알 수 있다. 충분한 음식의 섭취, 적당한 운동, 적절한 수면은 정상적인 발달을 도울 수 있을 것이다. 이에 더하여 웃음치료를 병행한다면 기쁘고 행복하며 자연스러운 성장을 이룰 수 있다고 생각한다.

옥시토신은 사랑의 호르몬이라고도 하는데, 스트레스를 줄이고 사회성을 높이며 출산 시에는 자궁경부의 수축을 도와 출산을 쉽게 한다. 뇌내 호르몬은 흔히 뇌신경전달물질이라고 불린다. 스트레스나 질병 등 몸 안팎의 변화를 겪었을 때 그 정보를 신경계를 통해 주변 신경세포로 빠르게 전달하는 호르몬이다. 주로 뇌나 신경의 끝부분에서 분비되며 안정감 분노 행복 등 감정을 조절하는 것으로 도파민, 세로토닌, 아드레날린, 엔도로핀, 페닐에틸아민, 멜라토닌 등이 있다. 도파민이 분비되면 맥박수가 빨라지고 혈압이 높아지면서 쾌감을 느끼게 된다. 세로토닌은 스트레스를 줄이고 흥분된 마음을 가라앉히는 효과가 있다. 세로토닌이 부족하면 불안감을 느끼거나 충동적으로 변할 수 있다. 아드레날린은 교감신경을 활성화하는 호르몬이다. 아침에 잠에서 깬 뒤 활력이 생기고 에너지가 생성되는 것은 이 호르몬이 분비되는 덕이다. 화를 자주 내면 심혈관질환에 잘 걸리는 것도 아드레날린과 관련이 있는데 분노를 느낄 때마다 이 호르몬이 분비되어 심장박동과 혈압을 과도하게 높이기 때문이다.

아드레날린, 노르 아드레날린, 코티졸은 웃을 때 생기는 호르몬이 아니다. 분노나 스트레스가 쌓일 때 생기는 호르몬이다. 그러나 적 적한 분노나 적절한 스트레스는 오히려 우리 몸에 유익을 주기도 한다는 것을 알 수 있다. 웃음치료는 스트레스를 없애주고 혹은 상 승된 스트레스의 감소의 효과를 가져오는 것이다.

엔도로핀은 모르핀의 100배에 해당하는 진통효과를 내는 호르몬이다. 스트레스를 받거나 통증을 느낄 때 분비되어 통증을 조절한다. 페닐에틸 아민은 대뇌를 각성시켜 사고력 기억력 집중력이 향상되게 돕는다. 사랑 하는 감정을 느낄 때 분비되어 적당한 긴장감을 느끼도록 만들기도 한 다. 뇌 속 생체시계를 조정해 잠이 오게 하는 역할을 하는 멜라토닌은 밤에 많이 분비된다. 밤 11시에서 새벽 2시 사이에 잠을 자면 피로를 막 는데 많은 도움이 된다.

진통제의 하나가 모르핀이다. 엔도르핀이 모르핀보다 훨씬 통증 을 감소하는 효과를 가져온다는 것은 경이로운 일이다. 웃을 때 생 기는 엔도르핀이야말로 돈도 안드는 천연적인 치료제라고 할 수 있 다. 여기에 웃음치료의 필요성이 있다.

많이 웃는 사람이 오래 산다. 웃을 때 천연 호르몬을 생산해 내기 때문이다. 웃는 사람은 생각하는 힘이 증가하고, 서로 사랑하며, 편 안한 수면 등의 이유로 건강하고 장수하는 삶을 살게 될 것이다.

면역계 호르몬은 사이토카인이라는 면역물질로 알려졌는데 최근에는 호 르몬으로 보는 견해가 있다. 면역계 호르몬은 여러 세포에서 분비되며 우리 몸의 면역체계를 관리한다. 인터페론과 인터루킨이 대표적으로 인터페론은 바이러스에 감염되었을 때 분비되는 물질로 체내에 침입한 바이러스가 증식하지 못하도록 림프구의 하나인 NK세포를 활성화시킨다. 인터루킨도 면역체계에 관여하는데 면역세포를 활성화하고 면역 글로블린을 합성하고 항체를 분비하는데 관여한다. 특히 암에 걸렸을 때 면역력을 키워 우리 몸이 암세포와 맞서 싸울 수 있도록 돕는다. 호르몬 분비가 제대로 되지 않으면 각종 질환을 유발할 수 있다. 하지만 필요한 호르몬의 양은 극히 적은 양으로 기능을 하고 있으며 대부분은 우리 몸에서 필요한 만큼 충분한 양을 분비하고 있다.

사람은 하루에 원하던 원하지 않던 5,000~10,000개의 암세포가 생긴다고 한다. 그런데 우리의 몸에는 그 암세포를 잡아먹는 세포가 있다. 경찰 세포라 할 수 있는 백혈구(Natural Killer Cell)이다. 이 경찰 세포를 도와주므로 해서 암세포를 없애주는 물질이 바로 우리가 웃을 때 생기는 엔돌핀, 엔케팔린, 도파민, 인터페론, 인터루킨 등이다. 그러므로 웃음을 생활화할 때 암에 걸리지 않고 건강하고 기쁨이 넘치는 삶을 살게 될 것이다. 웃을 때 생기는 좋은 호르몬은 대략 21가지라고 한다.

> 특별한 기저 질환이 없는 한 호르몬 보충 요법은 신중해야 한다. 외부에서 호르몬이 보충되면 우리 몸의 기관은 필요한 호르몬을 스스로 만들기를 포기하기 때문이다. 또한 호르몬의 분비체계는 복잡하게 얽혀있는 구조로서 서로 자극하고 피드백을 하며 조절된다. 따라서 균형 잡힌 건강한 신체 상태를 유지하려는 노력이 중요하다.[45]"

---

45) 일산주엽역한의원(서연한의원) 블로그(zum 인터넷 검색), "호르몬의 종류와 기능" 2017. 12.

위에 나타난 호르몬의 종류와 기능을 다시 한번 정리하면 다음과 같다.

a) 웃음과 호르몬

엔돌핀 - 모르핀의 100배에 해당하는 진통효과를 내며, 스트레스를 받거나 통증을 느낄 때 분비되어 통증을 조절.

엔케팔린 - 행복

도파민 - 안정감, 도파민이 분비되면 맥박수가 빨라지고 혈압이 높아지면서 쾌감을 느끼게 함.

옥시토신 - 사랑의 호르몬, 스트레스를 줄이고 사회성을 높이며 출산 시에는 자궁경부의 수축을 도와 출산을 쉽게 함.

세레토닌 - 스트레스를 줄이고 흥분된 마음을 가라앉히는 효과가 있다. 세로토닌이 부족하면 불안감을 느끼거나 충동적으로 변할 수 있음.

멜라토닌 - 뇌속 생체시계를 조정해 잠이 오게 하는 역할을 하는 멜라토닌은 밤에 많이 분비됨. 밤 11시에서 새벽 2시 사이에 잠을 자면 피로를 막는데 많은 도움이 됨.

페닐에틸아민 - 대뇌를 각성시켜 사고력 기억력 집중력이 향상되게 도움. 사랑하는 감정을 느낄 때 분비되어 적당한 긴장감을 느끼도록 만들기도 함.

사이토카인 - 면역계호르몬은 사이토카인이라는 면역물질로 알려졌는데 최근에는 호르몬으로 보는 견해가 있음.

---

6. 12:21에 올린 것-2017. 12. 09. 오후 3:47 발췌.

인터페론 - 면역계 호르몬으로 여러 세포에서 분비되며 우리 몸의 면역체계를 관리, 바이러스에 감염되었을 때 분비되는 물질로 체내에 침입한 바이러스가 증식하지 못하도록 림프구의 하나인 NK세포를 활성화시킴.

인터루킨 - 면역계 호르몬으로 여러 세포에서 분비되며 우리 몸의 면역체계를 관리, 면역체계에 관여하는데 면역세포를 활성화하고 면역 글로블린을 합성하고 항체를 분비하는데 관여한다. 특히 암에 걸렸을 때 면역력을 키워 우리 몸이 암세포와 맞서 싸울 수 있도록 도움.

> 다이돌핀[46] - 최근의 의학이 발견한 호르몬 중에 '다이돌핀'이라는 것이 있다. 엔돌핀이 암을 치료하고, 통증을 해소하는 효과가 있다는 것은 이미 알려진 이야기지만, 이 다이돌핀의 효과가 엔돌핀의 4,000배라는 사실은 잘 모르고 있을 것이다. 그럼, 이 다이돌핀은 언제 우리 몸에서 생성될까? 바로 '감동 받을 때'이다. 좋은 노래를 들었거나, 아름다운 풍경에 압도되었을 때, 전혀 알지 못했던 새로운 진리를 깨달았을 때, 엄청난 사랑에 빠졌을 때, 우리 몸에서는 놀라운 변화가 일어난다. 전혀 반응이 없던 호르몬 유전자가 활성화되어 안 나오던 엔돌핀, 도파민, 세로토닌이라는 아주 유익한 호르몬들을 생산하기 시작하는 것이다. 특히, 굉장한 감동이 왔을 때, 드디어 위에서 말씀드린 '다이돌핀'이 생성된다. 이 호르몬들이 우리 몸의 면역체계에 강력한 긍정적 작용을 일으켜 암을 공격한다. 대단한 효과이다. 그래서 치료되는 기적이 일어나는 것이다."

이처럼 웃음이 건강에 좋지만 엔돌핀의 4,000배인 다이돌핀이 중요하다는 사실을 알 수 있다. 감동을 많이 받기 위해 유명한 음악가

---

46) 황수관, 「황수관 박사의 웃음치료 유머」(서울: 도서출판 세줄, 2012), p. 261.

들의 노래를 자주 감상하며, 여행을 자주 가는 것이 좋다. 그리고 많은 책을 보거나 신앙생활을 통하여 진리를 깨닫고, 사랑하며 사는 것이 건강에 좋다는 것을 알 수 있다.

b) 스트레스 호르몬

- 코티졸 – 스트레스는 '코티솔'이라는 호르몬에 의해 지배됩니다. 코티솔은 부신에서 분비가 되는데, 스트레스를 받으면 신경계를 통해 부신수질에서 카테콜아민이 분비가 되고, 다시 시상하부는 뇌하수체를 자극, 부신피질자극호르몬인 'ACTH(Adreno-corticotropic hormone)'를 분비합니다. 그런 다음 혈액을 통해 부신피질을 자극하고, 이때 코티솔이 분비가 됩니다. 코티솔은 교감신경을 자극해 혈압을 올리고 맥박수를 상승시키며 혈관을 수축시킵니다. 코티솔은 스트레스를 받으면 분비되지만 동시에 우리 몸을 보호하는 역할을 하기 때문에 많이 나오는 것이 이롭습니다. 즉, 교감신경을 조정하여 스트레스를 진정시키는 것도 코티솔의 기능입니다. 코티솔 분비가 너무 적은 경우 피로감, 알레르기, 천식을 유발시킵니다.[47]

- 아드레날린 - 교감신경을 활성화하는 호르몬. 아침에 잠에서 깬 뒤 활력이 생기고 에너지가 생성되게 함. 화를 자주 내면 심혈관질환에 잘 걸리는 것도 아드레날린과 관련이 있는데 분노를 느낄 때마다 이 호르몬이 분비되어 심장박동과 혈압을 과도하게 높이기 때문임.

- 노르아드레날린 - 교감 신경계의 신경전달 작용을 하는 부신수질에서 아드레날린과 함께 분비되는 호르몬, 긴장을 하거나 스트레스를 받게 되면 노르아드레날린이 분비되어 베타 엔도르핀은 감소하게 된다.[48]

---

47) 인터넷 다음 카페 "뇌하수체 선종을 이기는 사람들" 2018-01-15, 오후 8:40.
48) 인터넷 다음 「국어사전 검색」, 2018-01-15, 오후 8:33.

위에서 잠시 언급했지만, 스트레스 호르몬은 분노, 긴장, 스트레스가 쌓일 때 분비가 되는데, 적당한 스트레스 호르몬의 분비는 우리의 삶에 오히려 활력을 가져오고 건강에 도움을 주는 것이라 할 수 있다.

c) 웃을 때 생기는 호르몬과 역할

웃음은 인체 유익한 호르몬을 분비하여 우울증이나 조울증과 같은 증상을 완화 혹은 감소의 효과를 가져 온다. 그러므로 성인 남녀는 물론 청년들에게도 웃음치료활동으로 인해 기쁘고 자신감 있는 삶으로 인도한다.

복잡한 세상을 살다보면 원치 않는 일들을 만나게 되고 그에 대한 문제는 우리들의 삶에 나쁜 영향을 끼친다. 다양한 문제는 담배나 술을 찾게 된다. 그러나 담배나 술은 건강이나 환경에 더 많은 문제를 가져온다. 그러므로 다양한 문제를 해결하기 위한 좋은 해결방안 중의 하나로 웃음치료를 들 수 있다.

Berk교수는 "「웃음과 면역체의 관계」라는 논문에서 웃음이 스트레스 해소에 상당한 영향을 미친다고 주장하였다. 웃음이 인체에 미치는 효과를 생리적·의학적 관점에서 볼 때, 웃음은 모든 것을 긍정적으로 변화 시켜 행복지수를 상승시킨다.[49]"라는 말을 공감한다. 특별히 웃음이 스트레스를 없애고 행복지수를 없앤다는 말을 공감한다. 웃음의 효과를 좀 더 살펴보면 다음과 같다.

---

[49] 박영신·지영환, 「경찰 직무스트레스 이해와 치료」(서울: 학지사, 2012), pp. 202-203.

웃음은 참으로 노르 아드레날린, 코티졸과 같은 스트레스 호르몬의 감소를 가져온다.

웃음은 암세포를 잡아먹는 백혈구(Natural killer Cells)를 도와 암세포를 없애주는 효과가 있다.

웃음은 면역글로불린 A를 증가시켜 면역력을 높이는 효과가 있다.

웃음은 바이러스를 파괴하고 세포를 성장시키는 감마인터페론을 증가시키는 효과가 있다.

- 웃음은 림프절 주변에 모여 새로운 미생물체에 대항하는 항체를 생성하는 B세포를 증가시킨다.
- 웃음은 항체가 감염되었거나 제 기능을 발휘하지 못하는 세포를 물리치도록 돕는 보조 세포를 증가시킨다.

웃음에 관한 명언들[50]

웃는 사람은 실제적으로 웃지 않는 사람보다 더 오래 산다. 건강은 실제로 웃음의 양에 달려 있다는 것을 아는 사람은 거의 없다.〈제임스 윌스〉

웃음은 전염된다. 웃음은 감염된다. 이 둘은 당신의 건강에 좋다.〈윌리엄 프라이〉

웃음은 어떤 핵무기보다도 강하다.〈오쇼 라즈니쉬〉

당신이 웃고 있는 한 위궤양은 악화되지 않는다.〈패티우텐〉

우리는 행복하기 때문에 웃는 것이 아니고, 웃기 때문에 행복하다.〈윌리엄 제임스〉

이와 같이 웃음은 우리 인간의 삶에 건강과 장수와 행복을 가져다준다고 할 수 있다. 그 중에도 윌리엄제임스의 말은 웃음치료 활동 중 대표적인 명언이라 할 수 있다. 인간들은 누구나 자발적으로 행복을 느끼기보다는 뭔가 좋은 일이 있을 때 행복해 한다. 그러나 행복한 일이 없어도 웃는 사람은 행복한 일이 생길 수밖에 없다는 공식을 가져오기 때문이다.

유머 감각이 없는 사람은 스프링이 없는 마차와 같다. 길 위의 모든 조약돌마다 삐걱거린다.〈헨리 와드비쳐〉

웃음은 마음의 치료제일 뿐만 아니라 몸의 미용제이다. 당신은 웃을 때 가장 아름답다.〈칼 조세프 쿠 쉘〉

웃는 사람에게는 복이 많이 온다. 한 번 웃으면 한 번 젊어지고, 한 번 노하면 한 번 늙는다. 인생이 노래처럼 잘 흘러갈 때에는 명랑한 사람이 되기 매우 쉽다. 그러나 진짜 가치 있는 사람은 웃는 사람이다. 모든 것이 잘 안 흘러갈 때도 웃는 사람 말이다. 〈엘라 휠러 윌콕스〉

가장 명백한 지혜와 징표는 항상 유쾌하게 지내는 것이다.〈몽테뉴〉

가정의 웃음은 가장 아름다운 태양이다.〈대커리〉

나를 좋아하거나 존경하는 사람들의 공통된 특징을 나는 전혀 가늠 할 수 없다. 하지만 내가 좋아하고 애정을 가지는 사람들의 공통된 특징은 그들 모두가 나를 웃게 만든다는 것이다. 나에게 밤낮으로 무서운 긴장이 생겼기 때문에, 만일 내가 웃지 않았다면 나는 이미 죽은 지가 오래 되었을 것이다.〈링컨〉

만족한 웃음은 집안의 햇빛이다.〈대커리〉

근무 시간에 웃지 아니한 시간은 낭비한 시간이다.〈세바스티안

참 포트〉

많이 웃는 사람은 행복하고, 많이 우는 사람은 불행하다.〈쇼펜하우어〉

그대의 마음을 웃음과 기쁨으로 감싸라. 그러면 1천의 해로움을 막아주고 생명을 연장시켜 줄 것이다.〈윌리엄 세익스피어〉

마지막에, 웃는 자가 가장 잘 웃는 자이다.〈존 반드로 경〉

모든 날 중, 가장 완전히 잃어버린 날은 웃지 않는 날이다.〈샹포르〉

무엇이든 이상한 일과 부딪치면 웃는 것이 가장 현명하고 신속한 응답이며, 어떤 처지에 부딪쳐도 비장한 위안이 된다.〈멜빌〉

미소는 가장 강렬한 영향력을 주는 유일한 것이다.〈디어도어 루빈〉

어떠한 일을 당해도 웃는 것은 문제를 해결하는 지름길이다. 옛날의 전쟁과 지금의 전쟁은 다르다. 전쟁터에서 칼이나 활로 싸우는 시대가 있었고, 지금은 대부분 첨단무기로 싸우는 시대이다. 칼이나 창으로 싸우는 시대에는 장수들이 적을 만나면 크게 웃었다. 웃음은 자신감을 갖게 하고 힘을 주기 때문이다. 상대편을 웃음으로 여유를 갖고 '너 정도는 아무것도 아니다' 라는 자신감 혹은 허세를 부렸다. 조금만 지나면 승패가 나누어지기 때문이다. 아마도 자신감 있게 더 크게 웃는 장수들이 승리했으리라 생각할 수 있다. 어떠한 일을 당해도 웃는 자가 지혜로운 자임을 일 수 있다.

사랑과 웃음이 없는 곳에선 즐거움이 있을 수 없다. 사랑과 웃음 속에서 살아라.〈호라티우스〉

사람은 누구나 자신의 웃는 모습에 주의해야 한다. 웃을 때는 그 사람의 결점이 그대로 보여지기 때문이다.〈에머슨〉

사람의 성격이 가장 잘 나타날 때는 마주 대하여 말하고 듣고 웃을 때다.〈괴테〉

사람의 웃는 모양을 보면 그 사람의 본성을 알 수 있다. 누군가를 파악하기 전, 그 사람의 웃는 모습이 마음에 든다면 그 사람은 선량한 사람이라고 자신 있게 단언해도 되는 것이다.〈도스토예프스키〉

어떤 사람을 알려면 3일 동안 함께 여행을 해보라는 말이 있다. 3일만 함께 해보면 상대편의 좋은 성격이나 모난 성질을 발견할 수 있기 때문이다. 자주 웃는 사람과 사귀면 건강과 행복을 나누어 가지게 될 것이다.

사람의 웃는 얼굴은 햇빛과 같이 친근감을 준다.〈위게너 벨틴〉

웃지 않는 청년은 야만인이요, 웃지 않는 노인은 바보다.〈조지 산타야나〉

오늘 가장 좋게 웃는 자는 역시 최후에도 웃을 것이다.〈니체〉

웃음은 홍역처럼 전염성이 강하다. 그것은 잠깐 사이에 사방으로 전염된다.〈하베이 함린〉

아름다운 의복보다는 웃는 얼굴이 훨씬 인상적이다. 기분 나쁜 일이 있더라도 웃음으로 넘겨보라. 찡그린 얼굴을 펴기만 해도 마음은 한결 편해질 것이다. 웃는 얼굴은 좋은 화장일 뿐만 아니라 피의 순환을 좋게 하는 효과가 있다. 웃음은 인생의 약이다. 〈알랭〉

참으로 웃음은 서로의 관계를 좋게 하고, 건강하고 성공적인 삶을 살게 하는 키워드임에 틀림이 없다. 내가 웃을 때 남을 웃게 하며 좋은 영향력을 끼치게 하기 때문이다. 웃을 일이 없어도 웃다보면 문제가 해결되고 마지막에 웃는 자가 될 것이다.

웃음이 인생의 한 가지 쾌락이라는 사실을 모르는 사람은 절대 현자가 아니다.〈조셉 에디슨〉

웃어라, 그러면 세상도 그대와 함께 웃는다. 울어라, 그러면 그대 혼자 울게 된다.〈엘라 윌러 윌콕스〉

웃음은 인간관계의 도로상에 있는 청신호이다. 그것은 암흑 속을 안내하는 손이요, 폭풍우 속에서 용기를 안겨주는 것이다.〈더글라스 미돌〉

웃음은 인간에게만 허용된 것이며 이성이 가지는 특권의 하나이다.〈리이 핸드〉

인간만이 가지고 있는 하나님께서 주신 웃음보는 인간에게 허락하신 특별한 혜택이다. 하나님의 모양과 형상대로 주신 뇌 속의 웃음보는 중요한 선물이 아닐 수 없다. 웃음을 많이 이용하여 선물을 주신 하나님께 보답하는 삶이야말로 복된 삶이 될 것이다.

웃음이 없는 진리는 진리가 아니다.〈니체〉

웃을 수 있는 시간을 내십시오. 웃음은 정신의 음악입니다. 유머 감각이 부족한 사람치고 의식 구조가 썩 잘 되어 있는 사람은 없다. 유머는 각 사람에게 주어진 특징의 귀중성을 인정하는 것이다.〈로마인 가리〉

웃으면 사람의 몸과 마음을 이롭게 하는 온갖 경이로운 일들이 일어난다.〈앤드류 매튜스〉

진리는 웃음과 동반한다. 진정한 유머는 머리에서 나온다기 보다 마음에서 나온다. 그것은 웃음에서 나오는 것이 아니라 조용한 미소에서 나온다.〈토마스 칼라일〉

음식에 양념이 제대로 되어 있지 않은 것을 가지고 짜증내는 일이 있다. 사소한 일에 짜증을 내지 않는 습관을 가지는 것이 좋다. 화평을 깨뜨리는 요인의 99%는 사소한 일에 있다. 사소한 일은 웃으면서 넘기는 것이 지혜로운 일이다.〈알랭〉

인간은 웃는 재주를 가지고 있는 유일한 생물이다.〈빅토르 위고〉

질병과 슬픔이 있는 이 세상에서 우리를 강하게 살도록 만드는 것은 웃음과 유머 밖에 없다.〈찰스 디킨스〉

찡그리는 데는 얼굴 근육이 72개나 필요하나 웃는 데는 단 14개가 필요하다. 철학이 가미되지 않은 웃음은 재채기 같은 유머에 불과하다. 참다운 유머는 지혜가 가득 차 있다.〈마크 트웨인〉

햇빛은 누구에게나 따뜻한 빛을 준다. 그리고 사람의 웃는 얼굴도 햇빛과 같이 친근감을 준다. 인생을 즐겁게 지내려면 찡그린 얼굴을 하지 말고 웃어야 한다.〈슈와프〉

이상에서 살펴본 웃음 명언은 웃음이 우리에게 주는 긍정적인 면을 보여주는 귀한 말들이다. 웃음은 우리에게 인생의 활력과 참 지혜를 주고, 몸과 마음을 좋은 상태로 만들어 준다. 건강과 장수, 긴장 해소, 관계개선 등의 효과를 준다.

웃음 명언은 웃음치료 프로그램을 마칠 때, 웃음에 대한 필요성과 효과 그리고 웃음에 대한 좋은 이미지, 웃음으로 행복하고 건강하게 살기를 바라는 등의 인상을 남기는 역할을 한다.

---

50) 황수관, 「황수관 박사의 웃음치료 유머」(서울: 도서출판 세줄, 2012), pp. 14-20.

3) 웃음치료의 필요성

오늘날 웃음이 의학은 아니지만 전 세계적으로 웃음을 통하여 암도 낫다는 사람들이 속출하고 있다. 그러므로 웃자는 운동이 확산되고 있는 현실이다. 웃음은 자칫 메마른 세상에서 빠질 수 있는 우울증이나 스트레스 상황에서, 기계에서 기름의 역할을 한다고 볼 수 있다. 또한 사람들의 몸에서는 하루에 6,000개~10,000개의 암세포가 생성된다고 한다. 그러나 우리 사람들의 몸에는 암세포를 잡아먹는 N. K(Natural Killer)세포(백혈구)가 있어서 암세포를 잡아먹는다고 한다. 그 암세포를 잡아먹는 N. K세포를 도와주는 물질이 바로 웃을 때 생기는 엔돌핀, 엔케팔린, 도파민 등이다. 그러므로 웃으면 암세포를 없애주는 효과가 있다. 이와 같이 웃음치료의 필요성은 크다고 할 수 있다.

웃음치료에서는 흔히 "웃음의 반댓말은 스트레스"라고 말한다. 스트레스가 쌓이면 웃음이 안 나오기 때문이다.

웃음은 엄밀히 말하자면 정식 의학은 아니다. 그러나 웃음은 대안 심리치료 혹은 보완대체의학으로서 웃음을 활용한 치료가 대두되고 있는 것이다.

질병 중심의 의학이 전통의학이라면, 자연치유 의학, 전체성 의학, 심신의학, 아유르베다 의학과 같은 의학은 대체의학이다. 대체의학과 자연치유의학은 인간의 병을 부분적으로 보지 않고 전체적으로 보면서 하나의 부분임과 동시에 하나 속의 전체라는 개념으로 파악한다. 보완 대체의학을 찾는 사람들은 서양의 정통의학으로 잘 조절되지 않는 장기적 만성

질환을 가지고 있는 경우가 많은데, 주로 근육, 뼈, 관절에 만성 질환을 가지고 있다. 최근에는 암을 극복하는 방법 중의 하나로 웃음치료가 활용 되고 있다. 서울의 한 암 대체요법클리닉에서는 가족 간의 사랑을 나눔으로써 체내의 면역력을 강화해 암세포와 싸우는 보완 대체의학 방법을 쓰고 있다. 점점 더 많은 사람이 질병 예방과 건강 유지를 위해 보완 대체의학에 관심을 갖고 있다.[51]"

이와 같이 웃음치료가 대안 심리치료 혹은 보완대체의학이지만 병든 자의 치유가 일어난다면 진정한 의학이라고 여길 수 있다. 실제로 암으로 고통당하는 많은 사람들이 웃음치료를 통하여 암에서 해방되거나 생명을 연장하고 있다. 세계 웃음치료 창시자인 로먼 커즈스(Norman Cousins)는 웃음으로 강직성척수염이 나았고, 병원에서는 나을 가능성이 없다고 했는데 웃음치료를 통하여 7년의 생명을 연장한 양순선 사모(조순배 목사: 경기도 시흥시 생명샘교회)가 그 예라고 할 수 있다.

웃음의 반댓말 혹은 웃음의 반대 개념을 스트레스라고 하였는데, 웃음의 필요성을 찾기 위하여 스트레스에 대하여 살펴보기로 한다.

김상문은 "가장 무서운 병, 그 이름은 스트레스[52]에 대하여 식물성 위주의 식생활을 하고 적당한 운동을 하는 등 건강 생활에 필요한 조건을 다 갖춘 사람도 심한 스트레스를 받게 되면 하루아침에 병자가 되기도 한다. 그 무서운 스트레스는 어째서 생기는가? 인간은 '정신적인 동물이다' 마음먹기에 따라 젊게 살기도 하고, 순식간

---

51) 박영신·지영환, 「경찰 직무스트레스 이해와 치료」(서울: 학지사, 2012), p. 194.

52) 김상문, 「100살 자신있다」(서울: 도서출판 상문각, 2004), pp. 233-236.

에 늙은 모습으로 변하게 하는 것이다."라고 하여 심한 스트레스가 병자를 만든다고 주장하였다.

웃음의 반대말도 스트레스이다. 스트레스가 쌓이면 웃음이 안 나온다. 이와 반대로 웃는 동안에는 스트레스를 받지 않는 효과가 있는 것이다. 지구상에는 수많은 병이 있다. 가장 무서운 병중의 하나가 암일 것이다. 다음으로 성인병을 들 수 있다. 그리고 비만으로 오는 병들이 많다는 것을 알 수 있다. 요즘은 경제적, 사회적, 개인적 원인으로 결혼을 해도 아이를 잘 낳지 않는다. 그러므로 산부인과도 수입이 많이 줄었다고 한다. 산부인과 친구를 둔 사람의 말로는 산부인과 수입이 적지만 그대신 비만 환자를 돌보는 산부인과가 많다는 얘기를 들었다. 아마도 배를 관리한다는 면에서 같다는 것이다. 그러나 비만은 고혈압으로 이어지며 당뇨 등의 합병증을 가져오는 결과를 가져올 수 있는 것이다. 그러나 이것보다 더 무서운 병을 가져오는 원인은 스트레스라 할 수 있다.

현대 심리학의 동향은 긍정심리학이라고 할 수 있다. 긍정적이고 기쁘고 좋은 면을 통하여 치유를 도모하는 것이라 할 때 웃음치료는 긍정심리학의 일부라 할 수 있을 것이다. 스트레스 없이 건강하게 살기 위해서는 체계적인 웃음 활동이 필요하다고 생각된다.

웃음치료의 필요성은 "웃음이 왜 필요한가?[53]"를 살펴볼 때 좀 더 확실한 답을 찾게 되리라 생각된다.

예술과 종교·과학 사이에 웃음이 없다면 이 사회는 벌써 쾌락에 중독되고 저마다의 욕망으로 마비되었을 것이다. 인위와 자연, 과학과 종교,

---

53) 임종대(한얼 유머 동호회), 「유머학」(서울: 미래문화사, 2000), pp. 29-33.

정의와 불의, 이익과 손해 등 대립 구조 속에 웃음이 개입하지 못한다면 인간이 그 동안 축적한 인간의 문화는 한순간에 파괴될지도 모른다. 웃음은 대립의 완충지 역할을 하고, 모순을 수용할 수 있는 아량을 선사하고, 서로의 이견을 따지지 않고 넘어갈 수 있는 여유를 주며, 무엇보다도 서로를 용서하고 가깝게 만든다. … 웃음이 왜 필요한지 체계적으로 알아보자.

첫째, 웃음은 사람의 몸을 튼튼하게 해준다. 웃음은 우리 몸의 상태를 튼튼하게 해주는 도구이다.

세상이 생긴 시초에 하나님은 인간의 머릿속에 웃음보를 장착해 주셨다. 웃고 살면 복을 주시기 위해서였을 것이다. 사람들은 기쁘고 신나는 일을 맞이할 때 웃게 되었다. 그런데 사람들에게 죄가 들어오고 난 뒤로 자주 분노와 우울한 일들을 만들어 냈다. 그러한 사실은 우리들의 건강을 해치는 결과를 가져왔다. 우리는 잘 살고 잘 사는 나라가 행복할 것이라고 생각할 수 있다. 그런데 비교적 생활수준이 낮고 살기 힘든 나라임에도 불구하고 행복지수가 높은 나라 사람들이 있다. 그러한 나라 중에는 방글라데시나 인도의 사람들을 예로 들 수 있다. 행복지수가 높은 나라일수록 많이 웃는다고 볼 수 있다. 그리고 앞서 말한 분노와 우울증을 해소하는 방법 중의 최고의 방법은 웃음치료라 할 수 있다.

웃음은 우리에게 생기를 불어 넣어준다. 웃음은 어떤 보약보다도 좋다. 유통기한은 내가 살아 있는 동안이다. 신선하다. 무엇보다도 돈이 필요 없다.

둘째, 웃음은 사람의 성격을 전환시켜 준다.

사람의 성격을 올바르게 전환시킨다는 것은 어려운 일이다. 그럼에도 불구하고 많은 분야에서 사람의 성격을 개조한다느니 전화시켜준다는 시도가 있다. 이에는 철학, 종교, 사회, 과학 등의 분야에서 사람의 성격을 전환시키고자 노력하고 있다. 그러나 많은 노력에도 불구하고 사람의 성격을 개선하는 데에는 도달하기 어려운 실정이다. 사람의 성격은 평생 간다는 말도 있다. 그러나 웃음은 사람의 성격을 고칠 수 있는 에너지가 있다고 할 수 있다. 웃으면 육체적 정신적 영적 회복이 일어나 사람의 성격을 개선하는 효과가 있다고 할 수 있다.

웃으며 인사만 잘해도 높은 점수를 줄 수 있다. 웃음은 인간관계를 좋게 한다. '웃는 얼굴에 침 못 뱉는다.'란 속담이 있듯이 웃음을 통한 좋은 사회를 만들고, 웃음을 통해 사람의 성격을 올바른 방향으로 전환되는 일이 많아졌으면 한다.

셋째, 웃음은 서로의 갈등을 해소해 준다.

웃음은 서로의 갈등을 해소해 주는 효과가 있다. 인체를 수술할 때에는 가 부분을 절개하고 봉합하듯이 서로의 갈등은 웃음이나 유머로 방어하거나 감소시켜야 한다. 웃음이 관여하면 서로의 갈등도 더 나쁜 상태로 발전하지 않을 것이다.

이것은 웃음이 관계를 개선하듯이 서로 간의 갈등을 줄여 주는 것은 당연한 결과이다.

넷째, 웃음은 서로 사랑하게 만든다.

사랑을 언어로만 한다면 성공할 가능성은 없어진다. 사람은 말의 실수가 많기 때문이다. 그러나 언어를 구사하는 것보다는 정신적인 것으로 시작하는 것이 좋을 수 있다. 순수한 마음은 바로 웃음이라고 할 수 있다. 그러므로 웃음을 통한 사랑의 마음은 서로 사랑하게 만들어 준다고 할 수 있다.

우리나라 사람들은 예로부터 잘 웃지 않았다. 웃음이 우리를 가볍게 하고 양반의 체면을 깨뜨린다는 생각에서이다. 그러나 이것은 웃음의 효과를 과소평가하는 것이라 할 수 있다. 사랑하는 사람을 만나면 서로 웃게 되어 있다. 좋아하는 친구를 만나면 자주 웃는다. 엄마의 품 안에 있는 어린아이는 많은 웃음을 엄마에게 보여준다.

칼 죠세프 쿠셀은 "웃음은 마음의 치료제요, 미용제이다. 당신의 웃는 얼굴이 가장 아름답다"라고 했듯이 웃음은 사랑을 촉진시키는 도구임에 틀림이 없다.

다섯째, 웃음은 서로에게 유대감을 갖게 한다.

우리나라의 사람들은 잘 웃지 않는다. 그러나 웃음은 후대에게 대대로 물려오는 사람의 특성인 것만은 확실하다. 난지 일주일정도면 어린 아기는 웃기 시작한다. 웃음이 하나님이 주신 선물인 것처럼 어린 아이는 천진난만한 웃음을 보여준다. 그 웃음은 후대에 그대로 전달되어 진다는 사실을 알 수 있게 된다. 사람들의 의도와는 상관이 없이 웃음은 서로에게 깊은 유대감을 갖게 한다. 웃음의 유대감은 웃을 때 생기고 웃음의 유대감은 소원했던 관계도 다시 좋아진다고 할 수 있다. 원수지간도 웃음으로 가까워질 수 있고 웃음을 통해 문제가 쉽게 풀리기도 한다.

웃음은 현시대 사람들이 먹어서 힘을 내게 해야 하는 활력소 같은 건강 음료라 할 수 있다. 수많은 사건들, 바쁜 일들, 반복되는 삶, 수많은 싸움과 그로 인한 전인적 고통, 점점 악해지는 세상, 온유함을 잃어버린 사람들 등 모든 환경은 나도 죽고 너도 죽고 총체적인 어려움을 겪고 있다. 그러므로 우리들을 살릴 수 있는 유대감을 갖게 할 수 있는 좋은 처방은 바로 웃음이라 할 수 있다. 우리나라의 사람들은 여러 가지 상황 때문에 그동안 많이 웃지 못한 민족이었다. 그러나 부분적으로 웃자는 운동이 확산되고 있다. 종교적, 대체의학적인 노력의 결과라고도 볼 수 있다. 이유가 어찌되었건 이제 웃음의 효과를 찾았다는데 큰 의의를 둘 수 있다. 우리는 다 그런 것은 아니지만 웃음을 통해 암을 낫는 시대를 살아가고 있다. 이 귀한 선물인 웃음을 재발견하고 현시대의 질병을 예방하고 치유, 완화하는 일들이 일어나야 할 것이다. 그리고 웃음을 통한 유대감의 형성과 발전을 기대해 봐야 할 것이다.

이와 같이 웃음은 인간의 신체를 건강하게 하고, 인간성을 회복하고, 서로의 충돌을 줄여 주며, 사랑을 촉진한다. 그리고 서로에게 친근감을 주는 인생에 유익을 주는 좋은 도구이므로 웃음치료의 필요성을 갖게 한다.

또한, 웃음치료는 스트레스의 반대의 개념을 갖고 있는데, 스트레스가 쌓이는 현실 속에서 스트레스를 날려 보낼 수 있는 방법이 웃음치료이며, 그러한 사실들은 웃음치료의 필요성을 갖게 한다.

가. 웃음치료를 돕는 유머

웃음은 유머(humor)에서 비롯되는데,[54] 유머는 불일치에서 발전한다. 우스워 보이는 것들은 대개 돌발적이며, 모호하고, 부적절하거나, 비논리적이다. 웃음과 유머는 건강한 삶과 관련되어 있다. 건강한 사람들은

---

54) 노용구, 「치료레크리에이션」(서울: 대경북스, 2002), pp. 138, 139.

대부분 유머 감각을 가지고 있다고 여겨지며, 다른 이들과 함께 웃을 수
도, 스스로를 웃음의 대상으로 삼을 수 있다. 웃음과 유머가 치료적 가
치를 가진다는 생각은 오래전부터 있어왔다.

현대에는 웃음이 명약이라는 표현을 자주 사용하고 있다. 웃음의
효과를 언제 알게 되었는지는 모르지만 패치 아담스는 웃음에 대한
치료 효과를 습득하게 되었다고 생각된다. 그는 의과대학을 다니면
서 정상적인 치료보다는 소아병동에 있는 암 환우들을 웃음으로 치
유하고자 노력하였다. 그 병원의 원장님과 주위의 사람들에게 나쁜
시선을 받고 살았을 것이다. 그는 암에 걸린 소아들에게 삐에로의
복장으로 나타나 웃기기 시작했다. 그런데 1년 후 그들의 암은 다
낫게 되는 결과를 가져왔다. 그러한 내용으로 "패치 아담스"라는 영
화가 나오게 되었다. 전 세계적으로 웃음의 효과성을 전하는 자들이
되었다. 그럼에도 불구하고 웃음이나 유머가 치유 활동에서 나타나
는 증거는 아직 분명하지 않은 듯하다. 그러나 웃음과 유머는 우리
의 몸의 건강과 영혼의 건강에 까지 좋은 영향력을 끼치는 키워드
라 할 수 있다.

웃음의 효과를 아는 자들은 좀 더 구체적으로 어떻게 하면 이 세
상을 웃게 할 수 있을지를 연구할 필요가 있다. 이 세상에 나타나는
모든 문제들 속에 웃을 수 있는 방법을 개발해야 한다. 웃음과 유머
는 재치가 있어야 하고 자연스럽게 나올 수 있도록 하는 노력을 필
요로 한다. 이는 웃음치료 프로그램을 실시하는 웃음치료사와 웃음
치료 프로그램의 대상자 모두에게 필수적인 사항이다.

웃음치료에서 웃음을 유발하는 요소 중의 하나가 유머이다. 유머

를 통해서 웃음이 유발되면 분위기가 좋아지고 마음이 문을 열게 된다. 웃음치료를 진행하는 데에도 많은 도움이 된다. 웃는 순간에는 모든 염려근심이 사라지고 스트레스도 없어지고 기쁘고 긍정적인 마음을 갖게 한다. 유머를 사용할 때에 인터넷, 책, TV, 잡지 등을 통하여 수집된 것을 사용하고 즉흥적인 재치가 요구된다.

서울종합예술학교 개그·MC 예술학부의 신상훈 전임교수는 유머란? '익살, 해학, 기분, 기질로 번역되며 프랑스어로는 위무르(humour) 독일어로는 후모르(humor)'라고 한다. 본래는 고대 생리학에서 인간의 체내를 흐른다고 하는 혈액, 점액, 담즙, 흑담즙 등 4종류의 체액을 의미했다. 당시에는 이들 체액의 배합 정도가 사람의 체질이나 성질을 결정한다고 생각했고 나아가, 이 말은 기질, 기분, 변덕스러움 등을 뜻하게 되었다. 후에 다시 바뀌어 인간의 행동, 언어, 문장 등이 갖는 웃음이라는 뜻, 그리고 그러한 웃음을 인식하거나 표현하는 능력까지 뜻하게 되었다. 비슷한 말로 위트(wit, 기지)가 있는데 똑같이 웃음을 인식 하고 표현한다고 하지만 위트가 순수하게 지적(知的) 능력인데 반해, 유머는 그 웃음의 대상에 대한 동정심을 수반하는 정적(情的)인 작용을 포함하고 있어서 그만큼 인간이 지닌 숙명적인 슬픔을 느끼게 하는데 커다란 특색이 있다 …… 웃음을 터지게 만드는 방법은 크게 세 가지가 있다. '위트', '코믹', '유머'가 그것이다. 각각의 초강력 다이너마이트가 터지는 순간 웃음이 빵 터지는 것이다.

웃음치료 프로그램을 준비하는 사람이라면, 웃음을 터지게 만드는 위트, 코믹, 유머를 항상 수집하고, 다른 사람들에게 세 번 이상 사용하므로 웃음을 유발할 수 있는 준비성이 필요하다.

위에서 언급한 신상훈 교수는 유머는 해학이라고 주장했다. "유머(humor)는 해학(諧謔)이다. 유머가 만드는 웃음은 위트나 코믹이 만드는 웃음과 달리 상대를 이해하고 포용하는데서 나오는 고차원적인 웃음이다. 그래서 참된 유머는 높은 수양과 종교적 경지에 도달했을 때 가능하다."라고 하여 유머가 익살스럽고도 품위가 있는 말이나 행동을 말하는 해학이라고 한 것은 유머에 대한 고견을 지적한 것임에 틀림이 없다.

그러므로 웃음치료나 유머를 사용하는 자들은 온유한 마음의 소유자여야 한다. 남을 인정하고 긍휼을 베풀고 상대의 어려움을 웃음과 유머로 풀어주어야 한다. 웃음과 유머로 남을 곤란에 빠뜨리고 원수를 갚는 것처럼 해서는 안 된다. 웃음과 유머는 나와 자신 서로를 살리는 좋은 마음이어야 한다.

> 기억하라! 웃음은 하늘의 선물, 유머는 내가 남에게 주는 선물![55] 자신의 유머지수를 알아야 거기에 맞는 유머를 준비하고 연습하고 활용할 수 있으니 자신의 점수를 정확히 아는 건 무척 중요한 일이다. 우선 당신의 유머타입을 파악해보자. 다음 20문항을 보고 '예' 혹은 '아니오'에 동그라미를 쳐보자. 다하고 나면 '예'라고 대답한 항목이 몇 개인지 체크해보자.

---

55) 신상훈, 「유머가 이긴다」(서울: 쌤앤파커스, 2010), pp. 80, 81.

<표 1> 당신의 유머타입은?

번호	질문	예	아니오
1	모르는 사람에게 먼저 말을 쉽게 건다.		
2	'남자가 임신을 한다면?', '나무가 말을 한다면?' 같은 이상하고 엉뚱한 상상을 자주 한다.		
3	장례식에 가서 웃음이 나오는 걸 억지로 참은 적이 있다.		
4	지하철 잡상인, 노점상의 이야기와 상품에 관심이 많다.		
5	학창시절 집에 돌아오면 부모님께 학교생활에 대해서 자주 이야기했다.		
6	끝말잇기를 잘한다.		
7	가위바위보를 하면 주로 이기는 쪽이다.		
8	주변 사람들에게 조언을 많이 해준다. 잔소리가 아니라 조언.		
9	부모님 중에 웃기는 이야기를 잘하는 분이 있다.		
10	횡단보도의 파란불이 깜박이면 기다렸다 다음 신호에 건넌다.		
11	가장 창피했던 순간도 남에게 이야기할 수 있다.		
12	개그 프로그램이나 오락 프로그램을 1주일에 1번 이상 본다.		
13	신문이나 인터넷에서 본 조크를 외워서 남에게 사용해본 적이 있다.		
14	유명 스타나 정치인의 성대모사를 따라해 본 적이 있다.		
15	TV를 보면서 혼잣말을 하거나 다음 대사를 혼자 예상해보기도 한다.		
16	자신이 본 영화나 드라마를 다른 사람에게 이야기하는 것을 좋아한다.		
17	엘리베이터의 거울을 보면서 혼자 빙그레 웃은 적이 있다.		
18	한 달에 5권 이상의 책을 사거나 읽는다.		
19	일기를 쓰거나 다이어리를 활용한다.		
20	휴대전화 문자 메시지를 하루에 20개 이상 주고받는다.		

'예'라고 답한 문항이 몇 개인지 확인해보라.

·20-17개: 축하합니다. 당신은 이미 유머리스트입니다.

·16-12개: 가능성이 충분합니다. 예비 유머리스트!

·11-7개: 갈 길이 좀 멀군요.

·6-0개: 음…, 그러나 함께 노력해보죠.[56]"

130

필자는 16개 정도로서 예비 유머리스트의 판정을 내릴 수 있었다.

육군 사관학교 정재민 교수는 "유머는 기품(氣品)의 세계를 추구한다. 익살스러운 내용과 표현을 담고 있는 유머라고 할지라도, 기본적인 품위를 지켜야 한다는 말이다. 유머는 비속한 말장난이 아니라 지적 유희의 하나이다. 다소 상스러운 내용도 유머 속에서 일정한 의미와 기능을 가지고 있다면 크게 문제가 되지 않는다. 그러나 아무런 의미와 기능이 없는, 단지 저급하고 속되기만 한 것은 유머의 품격을 깎아 내릴 뿐이다. 그런 내용과 표현들은 유머를 즐기는 데 별다른 도움을 주지 못한다. 따라서 유머의 내용과 표현은 꼭 필요한 경우가 아니라면 적절한 품격을 지니고 있어야 한다.[57]"

적절한 품격을 지닌 유머와, 신상훈 교수의 '유머는 상대를 이해하고 포용하는데서 나오는 고차원적인 웃음'이라는 말은 유머에 대한 긍정적인 의견을 내 세웠다고 볼 수 있다.

노만택 의학박사는 '유머는 온몸으로 받아들여라, 온몸으로 유머를 받아들이면 몸과 마음이 즐거워진다.'고 하여 유머에 대한 좋은 자세와 진정한 효과를 말했다.

유머는 두뇌로 알 수 있는 지적 부분, 마음으로 알 수 있는 정적 부분, 육체로 알 수 있는 육체적 부분으로 구성되어 있다.

개개인의 차이는 있지만 이 세 가지 부분은 서로 연합되거나 분리되어 역할을 감당한다.

두뇌로 감지하는 부분은 재치나 위트를 들 수 있다. 재치는 적극

56) Ibid., pp. 82, 83.
57) 정재민, 「군대유머, 그 유쾌한 웃음과 시선」(서울: 박문사, 2011), p. 19.

적 사고로 바라보는 능력이다. 굳어 있는 마음이 풀어지며 화난 마음이 풀어진다. 정적으로 받아들이는 부분이 즐거움이라 할 수 있다. 유머를 듣고 즐거움을 갖게 되면 마음이 차분해지며 화나 괴로움이 없어진다.

육으로 발생하는 부분이 바로 웃음이다. 웃음은 인간의 신체에 유익한 변화를 가져오는 내면세계에 운동이다. 웃음은 병에 대한 저항력을 높이고 스트레스를 감소시키는 효과가 있다. 웃음은 전신운동으로 천연적인 보약과도 같은 존재이다. 사람마다 정도의 차이는 있지만 유머를 두뇌나 마음 그리고 육체로 나타날 수 있지만 전신으로 유머를 받아들이면 전인적 기쁨이 찾아올 것이다.[58]"

그는 유머를 받아들이는 좋은 자세와 우리 몸에 좋은 영향력을 미치는 유머의 효용성을 주장했다. 이와 같이 웃음과 유머는 전인적인 건강과 행복을 가져다주는 도구인 셈이다.

나. 유머와 웃음의 상관관계[59]

1) 유머와 웃음은 상호 교감한다

유머와 웃음은 분명 다르다. 웃음이 정신활동의 결과에서 나오는 자율적 현상이라면 유머는 웃음을 만드는 인위적 기능이다. 그러나 유머와 웃음은 모두 마음의 모체에서 생겨난 한 형제다. 웃음이 조직화하여 유머가 되고 유머의 활동으로 웃음이 생산된다. 유머와 웃음은 삼투압적 교류를 한다. 인간에게 웃음이라는 원초적 본성이 있

---

58) 노만택, 「웃음의 건강학」(서울: 도서출판 푸른솔, 2002), pp. 40, 41.
59) 임종대(한얼 유머 동호회), 「유머학」(서울: 미래문화사, 2000), pp. 74-76.

기에 유머가 생겨날 수 있었으며, 유머라는 메커니즘이 있기에 긴장감과 어색함이 있는 곳에 웃음을 투입시킬 수 있는 것이다.

유머와 웃음은 상호 교감한다. 같은 뿌리에서 생겨난 줄기와 잎처럼 쌍방 통로를 통하여 영양분을 주고받는다.

2) 유머는 웃음을 만드는 가공술

유머는 실제의 이야기가 아닌 유머리스트의 상상력으로 창조한 가공의 세계다. 웃음이 있는 그대로의 현실이 직선적으로 표출된 세계라면 유머는 인간에게 감동과 웃음을 창조하기 위한 가상의 세계다. 따라서 그 가상의 세계에서 논의되는 풍자와 웃기는 이야기에 시비를 거는 것은 어리석은 짓이다.

유머와 웃음은 서로 공존한다. 그러나 유머를 해도 웃음이 안 나오는 경우도 발생할 수 있다. 어떤 사람은 똑같은 유머를 듣고 크게 웃는 사람도 있지만 웃지 않고 핀잔을 주는 사람도 생긴다. 그럼에도 불구하고 대부분의 경우 유머를 통하여 웃음이 나오고 상호 좋은 감정을 갖게 한다.

3) 유머는 웃음을 만드는 유전자 공학이다

웃음은 야생화처럼 조건이 맞으면 자생적으로 생겨나 흐드러지게 피어나지만 분위기가 맞지 않으면 절대로 생기지 않는 출생의 어려움이 있다. 반면 유머는 웃음을 만드는 유전자 공학이다. 웃음의 유전인자 비밀만 알면 유전자를 인위적으로 교환하고 합성하여 때와 장소를 가리지 않고 만들 수 있다. 농사에 있어 유전자 공학이 새로운 농사의 길을 열었듯이 유머는 다량의 웃음을 만드는 인위적 절차요 기법이다.

아무리 좋은 유머라도 상대방의 상황에 따라 웃음이 나오지 않는 경우도 발생한다. 기분 나쁜 일을 당했거나, 힘든 일을 당했을 경우 스트레스를 받아 웃음이 나오지 않는다. 그러나 어려운 상황이라도 유머는 웃음을 만들어 내는 기술이라고 할 수 있다.

4) 유머는 웃음의 샘이다

웃음이 물이라면 유머는 물을 샘솟게 하는 샘이다. 물의 생성 과정과 외형적 속성에 웃음을 빗대어 분류하면 하늘에서 금방 떨어지는 비(마음에서 그대로 전달되는 자연적인 웃음), 깊은 산속의 1급수(인격의 향수에서 나오는 은근한 웃음), 흘러가는 개천물(일상적인 웃음), 호수에 고여 있는 물(산업사회의 사교적 웃음), 웅덩이에 고여 있다가 썩어 버린 물(모순을 감추려는 인위적 웃음과 상대를 우롱하는 웃음), 햇살을 받고 잘게 부수어져 증발하는 물(입가에만 살짝 번지는 미소), 자연수를 소독하여 공급하는 수돗물(인위적으로 만든 웃음) 등 물의 속성과 웃음의 유형이 근본적으로 대비되듯이 샘의 외형적 특성에 따라 유머를 분류하면 호수(정서형 유머), 폭포수(풍자), 웅달샘(언어적 유머), 깊은 샘(이야기형 유머), 약수(비교·분석형 유머) 등으로 구분할 수 있다.

웃음에 대한 시적인 표현이라고 할 수 있다. 웃음과 유머는 친척이요 이웃이다. 웃음을 유발하기 위한 유머를 자유스럽게 구사할 수 있는 노력이 웃음치료 활동에서 필수적이다.

5) 유머는 웃음의 초원에 피는 꽃이다

웃음이 광활한 초원에 자라는 다양한 식물들이라면 유머는 그 초원 위에 피는 꽃이다. 초원에 자라는 식물의 속성에 웃음을 빗대어 분류하면 식용작물과 약초(생활 속의 웃음), 잡초(너스레 웃음), 이름 모를 풀(다양한 감정에서 나오는 웃음), 꽃(고등 감정과 유머에서 나오는 웃음), 나무(지적 웃음) 등 식물의 속성과 웃음의 유형이 근본적으로 대비되듯이 꽃의 외형적 특성에 따라 유머를 분류하면 국화(정서형), 장미(풍자형), 개나리(언어적 유희), 물망초(이야기형), 난초(비교·분석형) 등으로 구분할 수 있다. 유머는 어떤 꽃에 비유가 되더라도 화병 속에 담긴 꽃이 아니라 내가 직접 보고 만지고 향기를 느낄 수 있는 생화가 되어야 한다.

저자는 웃음과 유머의 상관관계를 주장하였다. 이에 더하여 저자는, 유머는 웃음의 대지에 짓는 집이다, 유머는 웃음을 만드는 요리, 유머는 웃음의 바다를 건너는 항해술, 유머는 상호 승리를 위한 전술이라고 하여 웃음과 유머의 협동성을 나타냈다.

6) 유머는 인간을 건강하게 한다[60]

유머에 있어 웃기는 것은 최선의 목적이 아니라 수단이다. 유머는 웃기는 것으로 생명을 유지하지만 진정한 존재 가치를 구현하는 것은 아니다. 유머는 웃음의 바탕 위에서 건강과 친교, 화합을 지향한다.

유머는 웃음을 통해 정신적인 건강을 찾게 한다. 유머는 기존 인

---

60) Ibid., pp. 91-92.

식을 새롭게 바꾸어서 예기치 못한 웃음과 이미지를 연출하여 인간의 생체리듬에 활기를 주고, 긴장을 풀어 주어 새로운 에너지가 솟게 하며, 분위기를 바꾸어 주면서도 본래의 목적인 정신적 노폐물을 씻어 준다. 유머가 인간의 존엄성을 깔보고 우습게보거나 순수성에 먹칠을 하여 부담을 준다면 이는 유머가 아니다. 유머를 건강의 잣대로 재어 보아서 건강에 도움이 안 된다면 버려야 한다.

유머는 몸과 마음의 황폐를 예방하고 치료하는 백신이다. 유머는 현대인이 주기적으로 복용해야 할 보약 같은 존재이다.

웃음을 공통 매개체로 하는 짧은 문학인 유머는 현대의 병으로부터 자신과 타인의 몸과 마음을 지켜 주는 '백신'이다.

웃음과 웃음을 유발하는 유머는 동시에 건강과 좋은 관계를 갖게 한다. 그러므로 유머는 건전하고 서로의 유익을 위해 사용되어져야 한다. 음담패설이나 독한 말을 소재로 유머를 사용하지 말아야 한다.

7) 웃음과 유머의 차이점

웃음과 유머가 어떻게 다른지 한 번도 생각해 보지 않았던 분들이 많으실 겁니다. 비슷한 점은 기분 좋고 항상 가까이 두고 싶은 단어라는 점이지만, 차이점도 분명히 있습니다. 지난 시간에 웃음을 뭐라고 했죠? 그래요, 선물입니다. 유머도 선물입니다. 차이가 있다면 웃음은 하늘로부터의 선물. 유머는 내가 남에게 주는 선물입니다.[61]"

이와 같이 웃음과 유머는 약간의 차이점이 있지만 사람들의 건강에 유익을 주는 서로 돕는 관계라고 할 수 있다.

---

61) 신상훈, 「웃어라학교야」(서울: 즐거운학교 2011) p. 34.

8) 마음을 잡으려면 귀로 잡아라[62]

사실 유머가 웃기는 것이 절반이라면 나머지 절반은 웃어 주는 것에 있다. 그래서 잘 웃기는 것보다 잘 웃어주는 사람이 고마울 때가 많다. 유머 하나 던질라치면 호기심 어린 눈빛으로 내 이야기에 귀를 열고 웃을 준비를 하는 사람을 만날 때가 있다. 재미가 없어도 웃음으로 반응해주며 재미있다고 말해주는 사람을 만나면 간이고 쓸개고 다 빼주고 싶을 정도로 고마운 마음이 든다. 잘 웃기는 사람보다 잘 들어주고 반응해주는 사람은 그 자체로 강력한 자석처럼 사람을 끌어당긴다.

몇 년 전 유럽 여행을 하던 중에 중년의 프랑스인과 한 숙소에 머문 적이 있다. 둘 다 영어가 제2외국어인지라 서로를 배려하며 굼벵이 굴러가듯 이야기를 나눴다. 나는 '사람들의 유머 감각을 키워주는 일'을 한다고 소개했더니 재미있는 일을 한다면서 고개를 갸우뚱했다. 자신이 아는 유머 감각은 사람을 웃기는 것이 아니라 누군가 말할 때 고개를 끄떡이고 웃어주며 반응해주는 능력이라는 것이다. 나의 견해와 생각이 달라도 이해해주고 반응해주는 프랑스의 '똘레랑스Tolerance[63]' 정신의 핵심이 유머 감각이라는 것이다.…

유머를 전혀 몰라도 사람을 내 편으로 만드는 부전승의 전략은 바로 온몸으로 반응해주는 '경청'에 있었던 것이다.…

대한민국 최고의 개그맨인 유재석의 특기는 '웃기기'라기보다 '남의 말 잘 듣기'라는 사실은 이미 잘 알려져 있다.

62) 최규상, 「유머손자병법」(서울: 도서출판 작은씨앗, 2015), pp. 38-40.
63) 관용(寬容) 또는 똘레랑스(프랑스어: Tolérance)는 정치, 종교, 도덕, 학문, 사상, 양심 등 의 영역에서 의견이 다를 때 논쟁은 하되 물리적 폭력에 호소하지는 말아야 한다는 이념을 말한다(위키백과, 인터넷 zum 검색 2017. 12. 06 오후 1:18).

참으로 공감이가는 말이 아닐 수 없다. 많은 사람들의 특징은 듣는 것보다 말하는 것을 좋아한다. 그런데 막상 말을 하게 해주면 오히려 말을 못하는 경우도 많음을 발견한다.

유재석이 잘나가는 비법이 상대방의 말을 들어주는 것이라는 것은 우리 모든 사람들이 어떠한 삶을 살아야 하는지에 대한 해답을 주고 있다고 생각한다.

상대편에게 기쁨과 웃음으로 건강을 주기 위해서는 유재석 개그맨처럼 상대방의 말을 몰입과 공감을 가져오는 경청의 능력을 훈련해야 할 것이다.

9) 유머와 웃음은 이익을 가져 온다[64]

사람의 뇌에는 거울신경세포라는 것이 있다. 상대가 미소 지으면 우리 뇌는 거울처럼 반응하며 같이 미소 짓는다는 것이다. 누구를 만나든 상대의 뇌가 저절로 웃게 하려면 내가 먼저 웃어야 한다. 누군가 내 얼굴을 보면서 웃는다면 웃는 얼굴이 이미 탁월한 유머인 셈이다. 유머를 업그레이드하기 전에 얼굴을 먼저 앞grade 해야 한다.…

유머의 목적은 사람의 마음 문을 열어 호감과 기대감을 만들고 나아가 즐거움을 심어주는 것이다. 따라서 얼굴에 웃음꽃을 만들지 않고 상대의 마음을 열겠다고 유머를 입에 올리는 것은 욕심이다. 일단웃기기 전에 웃기려면 무조건 얼굴을 미소로 '앞grade'해야 한다.

웃는 모습은 우리에게 큰 유익을 가져온다. 그러나 웃지 않으면 큰 손해가 난다. 웃는 사람을 보면 기분이 좋아지고 감사한 마음이

---

64) 최규상, 「유머손자병법」(서울: 도서출판 작은씨앗, 2015), pp. 44, 45.

들지만 웃지 않는 사람을 보면 내가 뭔가 잘못한 것이 있는 것은 아닌지 하여 마음을 움츠러들이게 한다.

사람의 뇌는 사람을 만나면 제일 먼저 뇌의 중앙 한가운데 위치한 뇌간이 작동한다. 뇌간은 파충류의 뇌라고 불리며 기본적인 활동 즉 심장박동, 호흡, 소화 등 생존과 관련된 활동을 한다. 그리고 생존을 위해 적과 아군을 구분해야 하는 막중한 임무를 가지고 있다. 단순하게도 뇌간은 나를 향해 웃어주면 아군, 웃지 않으면 적군으로 규정한다. 웃지 않는 적군으로 간주하면 당연히 기분이 나빠지면서 나를 무시한다고 판단해버린다. 일단 상대가 나를 무시하는 듯한 표정이라고 판단해 버리면 인간관계는 피 흘리는 전쟁터 한복판에 서는 것과 같다.

유머와 웃음의 목적과 이익에 대하여 말하였다. 참으로 웃음과 유머는 나 자신을 비롯한 이웃을 살리며 우리 인간 모두에게 유익을 주는 방법이요 도구라 할 수 있다.

다. 웃음치료를 돕는 유머모음

1) 유머 소재를 장소에 맞게 변형할 줄 아는 방법도 연구하자[65]
   하나의 유머를 호텔과 공항에서 바꿔 사용하는 예를 들어보겠다.

---

65) 이상훈, 「유머로 시작하라」(파주: 살림, 2011), p. 70.

호텔에서 룸서비스에 전화를 했다. '계란은 딱딱하게, 토스트는 시커멓게, 잼은 말라 비틀어진걸로 주세요' 룸서비스가 대답한다. '우리는 그런 아침 식사는 없습니다.' 이럴 때 화내지 말고 점잖게 얘기한다. '어제 주셨잖아요.' 룸서비스의 아침 식사가 엉망인 호텔에서의 유머이다. 이 유머를 이용해서 공항에서 짐을 잃어버렸을 때 이렇게 바꿔 사용할 수가 있다. '이 짐을 북경에 보내고, 두 번째 짐은 동경에다 보내고 세 번째 짐은 바다에 떨어뜨려 없애주세요.' 항공사 직원이 대답한다. '우리는 그렇게는 못합니다.' 이럴 때 화내지 말고 다정하게 말한다. '저번에 짐 부쳤을 때 그렇게 하셨잖아요.'

2) 남자가 집에서 쫓겨나는 연령별 이유[66]

서울역 앞의 남자 노숙자를 상대로 여론조사를 했다.

'왜 집에서 쫓겨났습니까?'

20대: 항상 잘해주다가 아내 생일 한 번 잊어서요.

30대: 출근하면서 잠자는 아내에게 아침밥 해달라고 깨워서요.

40대: 일요일에 아내가 외출하는데 어디 가냐고 물어봐서요.

50대: 침대에서 같이 자다가 아내 몸에 살결이 닿아서요.

60대 정년퇴직 후 아내 동창회에 따라간다고 말해서요.

70대 아무 이유 없이 아침에 일어나서 숨 쉰다고 쫓겨났어요.

남자들의 처량한 처지를 이렇게 유머로 달래고 있다.

---

66) Ibid., p. 98.

3) 말이 무엇을 제일 싫어하는지 아세요[67]?

"첫째, 말 꼬리 잡는 것, 둘째, 말 자르는 것, 셋째, 말 더듬는 것"
그러면 넷째는, 말 머리 돌리는 것

4) 오이가 죽으면 그 앞의 비석에는 뭐라고 쓰여 있을까[68]?

"오이무침"

5) 가장 아픈 순간[69]

의사가 수술을 끝내고 나서 말했다. '수술이 성공적입니다. 경과도 좋을
것입니다. 그렇지만 한 동안은 좀 아플 수 있습니다.' 그러자 환자가 물
었다. '언제가 제일 아픈가요, 선생님?' 이에 간호사가 대답했다. '계산
서 볼 때죠.' 진짜 아픈 곳은 육체가 아니라 정신이다.

6) 노인

어떤 노인이 공원 벤치에 앉아 울고 있는 것을 보고 경찰관이 다가와서
무슨 일이냐고 물었다. 그러자 노인이 말했다. '내 나이가 지금 여든 살
인데, 집에는 스물네 살의 아름답고 매력 적인 아내가 있습니다. 게다가
제 아내는 저를 무척 사랑하고 있지요.' '그런데 뭐가 문제입니까?' '우
리 집이 어딘지 생각이 나지 않아요'

7) 유머리더십을 발휘하라[70]

영국 작가 스위프트는 게으른 하인 때문에 몹시 속을 태우고 있었다. 아

67) Ibid., p. 118.
68) Ibid., p. 119.
69) ⑤, ⑥ - 임종대(한얼 유머 동호회), 「유머학」(서울: 미래문화사, 2000), pp. 111, 127.
70) 김진배, 「결정적순간의 유머」(서울: 시아출판사, 2008), pp. 33, 34.

무리 타일러도 그 하인의 게으른 버릇은 좀처럼 고쳐지지 않았다. 스위프트가 하인을 데리고 마차를 몰아 며칠 동안 먼 길을 여행하고 있을 때였다. 어느 도시에 도착하여 호텔에서 쉬고, 다음날 다시 길을 떠나려고 하는데 어제 마차 바퀴에 묻은 진흙이 그대로 붙어있는 것을 보고 스위프트는 머리끝까지 화가 치밀었다. '아니 내가 어제 마차 바퀴에 묻은 진흙을 깨끗이 닦으라고 말했는데 왜 아직 닦지 않았느냐?' 그러자 게으른 하인은 주저 없이 주인 말에 대꾸하였다. '주인님, 어차피 오늘 또 더러워질 텐데 꼭 닦을 필요가 있겠습니까' 스위프트는 하도 기가 막혀 더 이상 나무랄 수가 없었다. '하긴 그래. 자네 말이 옳을지도 모르겠군. 그럼 어서 길을 떠나세' '주인님, 아직 아침 식사도 안 했는데요.' 그러자 스위프트가 이해 안 간다는 얼굴로 '아침 식사를 꼭 해야 할 필요가 있나? 어차피 또 배고파질 텐데. 그냥 떠나지 뭐.' 스위프트는 절묘한 재치로 큰 소리 없이도 하인의 버르장머리를 고칠 수 있었다. 유머리더십 덕분이다. 신경질 내고 미워하고 저주하고 인격을 무시하는 방법은 유머리더십이 아니다. 웃으면서 여유롭게 상대를 감복시키는 방법이 유머리더십이다.

8) 인터넷에 소개된 재미있는 간판[71]

신촌의 한 주점: sul.zip

양념치킨집: 위풍닭닭

횟집이름: 광어생각

돼지갈비집: 돈내고 돈먹기

치킨호프집: 쏙닭쏙닭

화장품가게: 美의 비밀은 화장발

---

71) Ibid., p. 76.

강동구 미용실: 선영아 머리해

뷔페: 동방부페

분식집: 라면군, 우동군 그리고 김밥양의 삼각관계

닭 집: 코스닭

이천의 미용실: 버르장머리

순대집: 순대렐라

배달음식점: 갖다줄까? 니가올래?

　웃음을 주는 재미있는 상호를 정했다 치더라도 모두에게 유익을
주지는 않을 것이다. 웃음을 주는 좋은 상호와 함께 웃음을 줄만한
상품과 봉사가 따라야 할 것이다.

　9) 상대의 눈을 사로잡아라[72]

　　정주영회장이 외자유치를 피력하자 투자자들이 코웃음 친다. '일본보다
　　더 좋은 배를 후진국에서 만들 수 있다는 게 말이 된다고 생각하시오?'
　　그러자 정주영은 당시 한국은행권 500원짜리 지폐에 있는 거북선 그림
　　을 보여주며 따졌다. '400년 전에 이 배로 일본 배를 물리쳤소. 그러니
　　지금도 더 좋은 배를 만들 수 있소이다.' 인간의 감각 다섯 가지 시각,
　　청각, 미각, 후각, 촉각 중 가장 발달한 것이 시각이다. 백문이 불여일견
　　(百聞 不如一見)이란 말도 여기서 나온 것. 시각을 자극하면 상대를 사
　　로잡을 수 있다. 정주영이 조선소 건립을 위한 외자를 유치하기 위해 비
　　행기를 몇 번 갈아타며 영국에 도착했을 당시만 해도 우리나라는 자타
　　가 공인하는 세계 유수의 후진국이었다. 하지만 정 회장은 시각 설득법
　　을 알았다. 물증이 있잖아. 이 양반들아, 물증! 이걸 봐! 거북선! 상대방

---

72) Ibid., p. 234.

이 틀렸다는 걸 물증을 통해 시각적으로 확실히 보여준다. 물론 상대방은 재차 반박을 할 수도 있다. '400년 전에 더 좋은 배를 만들었건 아니건 지금이야 일본이 선진국이 잖소?' 이렇게 말이다. 그러나 그러지 않았다. 그럴 필요가 없었다. 그 대화의 목적은 상대방과 말싸움을 하자는 게 아니었다. 상대방이 확인코자 했던 건 정주영 회장의 순발력과 추진력이었다. 상대방의 속마음을 읽었던 정주영이 최후의 승자가 되었다. 지혜롭고 여유로운 비쥬얼(Visual) 유머에 시선을 빼앗긴 상대방은 그 시간부로 당연히 정주영의 편이 되었다.

10) 거지의 경영방식

지하도에서 거지가 양손에 모자를 든 채 구걸을 하고 있었다. 그 앞을 지나가던 행인이 모자에 동전을 넣으며 거지에게 물었다.

행인: '왜 모자를 2개나 들고 있는 거죠?' 거지: '요즘 장사가 잘돼서 체인점을 하나 더 냈습니다.' 거지가 체인점을 냈다고는 하지만 과연 본점만 있을 때보다 두 배의 수입을 올릴 수 있을지 심히 걱정된다. 괜히 수입은 오르지 않고 힘만 두 배로 드는 건 아닌지 안타깝기 그지없다. 주위를 둘러 보면 한 가지 기능도 제대로 발휘하지 못하는 경우가 태반이다. 가난한 사람 도와주지는 않아도 되고 사회에 이익 환원하지 않아도 되니까, 이윤만 확실히 내는 기업인이라면 박수를 쳐줄 수 있다.[73]"

11) 유머형 인간

현대그룹 창업자 정주영. 정회장이 조선소 지을 자금을 얻기 위해 동분서주하다가 마침내 영국 버클레이 은행의 부총재와의 면담을 주선했다. 그를 설득시키지 못하면 현대조선소도 없고, 우리나라가 세계 최고의 조

73) 김진배, 「유머가 인생을 바꾼다」(서울: 다산북스, 2004), p. 117.

선국이 되는 것도 다 헛물켜는 일이 될 판. 대학은커녕 중학교도 못 나온 소학교 출신의 정회장에게 난처한 질문이 쏟아진다. 부총재: '당신 전공이 무엇입니까? 기계공학 아니면 경영학?' 정회장: '나의 사업계획서 읽어보았습니까?' 부총재: '물론이요.' 정회장: '내 전공은 바로 그 현대조선사업계획서요.'(모두 한 바탕 웃음) 부총재: '당신의 전공은 유머 같군요. 당신의 유머와 사업 계획서를 함께 수출 보험국으로 보내겠소.' 졸업장이 있어야 알아준다는 먹물들의 고정관념을 한 방에 물먹인 배짱이 엿보이는 유머센스다. 정회장의 유머는 경제적 유력자의 마음을 돌려놓았고 정회장 자신은 당시의 일등공신인 이 유머를 '옥스포드 유머'라고 명명하곤 오랫동안 기분이 좋을 때면 사람들에게 자랑스럽게 당시의 일화를 들려주곤 했었다. 유머가 그에게 배짱을 주고 그 배짱이 사업을 일으켰다. '유머 감각은 인간설득의 가장 중요한 무기'라는 말이 입증되는 순간이다. 유머형 인간에게 설득이란 그리 어려운 일이 아니다.[74]"

12) 너무 한 과목에만 치중하는 거 아니냐?

공부도 체질이 아닌 사람이 있다. 사실 필자를 포함해 대부분의 사람이 그렇다. 억지로 공부하라 한다 해서 잘 하는 것도 아니고 공부 못한다고 좌절할 필요 없다. 아들이 성적표를 받아 왔는데 모두 '가'. 영어, 수학, 도덕, 실과, 자연, 음악, 미술 일목요연 '가'로 도배를 했다. 그런데 맨 마지막 체육이 '미'가 아닌가. 환한 미소로, '아들아, 너무 한 과목에만 치중하는 거 아니냐?[75]'

74) Ibid., pp. 130, 131.

75) Ibid., p. 255.

13) 서울역은 어디로 들어갈까요?

"63빌딩은 영등포구, 롯데월드는 송파구에 들어갑니다. 그럼 서울역은 어디로 들어갈까요? 중구? 아닙니다. 서울역은 '출입구'로 들어갑니다.[76]"

14) 세상에서 가장 행복한 닭

"세상에서 가장 빠른 닭은 후다닭이고 가장 열정적인 닭은 팔닥팔닭이라고 합니다. 그럼 세상에서 가장 행복한 닭은 어떤 닭인지 아십니까? 바로 토닥토닭이라고 합니다."

15) 자신감이 행복과 성공을 낳습니다

가장 긍정적인 동물은 바로 돼지라고 합니다. 돼지에게 묻습니다. 돼지야 이게 잘될까? 그럼 돼지는 반드시 '돼지!'라고 답한다고 합니다. 그래서 '돼지!' 아니겠습니까? 돼지도 이렇게 자신감에 차 있는데 만물의 영장인 인간에게 자신감이 없다는 것은 큰 고통일 겁니다. 자신감은 보물창고입니다. 할 수 있다는 자신감이 행복과 성공을 낳습니다.[77]

16) 우리나라 사람들이 좋아하는 떡은?

우리나라 사람들이 가장 좋아하는 떡은 뭘까요? '헐레벌떡'이라고 합니다. 저도 한국 사람이지만 한국 사람들은 정말 바쁘고 급합니다. 그럼 사람들에게 먹이면 순식간에 행복해지는 떡은 뭘까요? 바로 '끄떡끄떡'이라고 합니다. 네, 사람을 즐겁게 하는 가장 쉬운 방법은 바로 끄떡 끄떡입니다. 상대의 말에 미소를 짓고 고개를 끄떡이며 들어주는 것만으로

---

76) 최규상, 「유머손자병법」(서울: 도서출판 작은씨앗, 2015), p. 67.
77) ⑭, ⑮ Ibid., p. 72.

도 사람을 행복하게 합니다.[78]"

17) 미용실에서 아가씨와 아줌마 구별법[79]

'여보. 미용실에서 아가씨와 아줌마를 구별하는 방법 알아?' '아니. 어떻게 구별하는데?' '아가씨는 예쁘게 해주세요라고 말하고, 아줌마는 오래가게 해주세요라고 말한대. 호호.'

18) 저 불렀어요?[80]

어느 청년이 버스를 타고 갔다. 청년은 버스 맨 뒷좌석에 앉아 있었다. 버스가 끼어드는 오토바이를 피하려고 급정거를 하였다. 청년은 잡을 것이 없어서 뒷좌석에서 앞으로 튕겨져 나갔다. 앞으로 튕겨져 나간 청년은 운전석 바로 뒤에 있는 봉을 붙들고는 간신히 멈춰 섰다. 버스 안에 타고 있던 손님들 모두가 청년을 쳐다보았다. 청년은 매우 창피했다. 그래서 그는 운전수에게 말을 걸었다. '아저씨, 저 불렀어요?' 또 다시, 버스가 급출발을 하자 이번에는 청년이 뒤로 넘어지려고 했다. 청년은 넘어지지 않으려고 뒷걸음질을 해서 겨우 자기 자리로 돌아와 앉게 되었다. 청년은 옆자리에 앉은 사람에게 말했다. '안 불렀다는데요!'

19) 효심[81]

분명히 성적표가 나을 때가 된 것 같은데, 아들이 내놓지 않자 어머니가 물었다. '왜 성적표를 보여주지 않니?', '선생님의 가르침을 제대로 실천하느라고요.' '그게 무슨 소리냐?', '선생님께서 오늘 그러셨거든요.

78) 최규상, 「유머손자병법」p. 76.
79) Ibid., p. 125.
80) 황수관, 「황수관 박사의 웃음치료 유머」(서울: 도서출판 세줄, 2012), p. 39.
81) Ibid., p. 173.

부모님께 걱정 끼쳐 드리는 일을 해서는 안 된다고요.'

20) 학생들의 싸움을 보고 있던 교수들의 반응[82]

경영학과 교수: '싸우면 손해다.'

의류환경학과 교수: '옷 찢어질라.'

아동학과 교수: '애들이 배울라~'

신방과 교수: '남들이 보고 있다는 거 모르나?'

신학과 교수: '회개기도 합시다, 아버지'

경제학과 교수: '돈 안 되는 녀석들'

식품영양학과 교수: '도대체 저것들은 뭘 먹었기에, 영양가 없이 저 난리야?'

미생물학과 교수: '저런 썩을 놈들······.'

사진학과 교수: '니들 다 찍혔어 이 녀석들아'

법학과 교수: '너희들 다 구속감이다!'

21) 기도유형[83]

· 붕어형 – 소리 없이 입만 움직이는 성도.

· 엉엉형 – 초장부터 엉엉 울어대는 성도.

· 한나형 – 엎드려 자는지 기도하는지 잘 모르게 하는 성도.

· 개구리형 – 마루바닥이 뜨거운지 펄쩍펄쩍 뛰는 성도.

· 손들어형 – 성령충만으로 손들고 울부짖어 벌받는 성도.

· 눈코범벅형 – 눈물과 콧물이 엉겨 범벅이 된 성도.

· 유구무언형 – 3분 정도 하면 간구할 것이 없어 답답해 하는 성도.

· 진짜답답형 – 처음부터 무어라 기도해야 할지 모르는 성도.

---

82) Ibid., p. 122.

83) 정기호, 「배꼽 잡고 훔쳐본 교인 풍속도」(서울: 예찬사, 1998), p. 11.

· 무지 막지형 – 말이 되든지 안 되든지 뒤죽박죽 기도하는 성도.

· 고아설움형 – 처음부터 '아버지…, 아버지'만 불러 대는 성도.

· 노조운동형 – 주먹 쥔 오른손만 반복적으로 흔들어 대는 성도.

· 고성충만형 – 큰 소리를 외쳐 옆사람에 지장 주는 성도

· 진동은사형 – 성령충만으로 계속 몸과 양손을 흔들어 대는 성도

· 외국사투리형 – 큰 소리로 방언하여 상대방 기죽이는 성도.

22) 찬양 유형[84]

· 교통사고형 – 율동찬양 시 올린 손이 옆사람 손과 부딪히는 성도.

· 불협화음형 – 화음을 넣으나 주위를 의식치 않고 틀리는 성도.

· 성령감동형 – 성령에 감화되어 남 보기에도 부러운 성도.

· 자기도취형 – 주위와 관계없이 자기 감정에 도취된 성도.

· 성대혹사형 – 목소리만 크게 질러 대는 안타까운 성도.

· 강제노동형 – 분위기 때문에 마지못해 따라 하는 성도.

· 자기과시형 – 전체 화음보다는 자기 목소리를 나타내려는 성도.

· 두루살핌형 – 따라 하면서 다른 사람을 두루 살펴보는 성도.

· 찬양충만형 – 찬양이 즐거워 계속 찬양만 하기를 원하는 성도.

· 나홀로작곡형 – 피아노 반주와 관계없는 음정으로 부르는 성도.

· 벙어리독창형 – 입을 다물고 가사만 읊조리는 성도.

· 나홀로만세형 – 다른 사람은 손을 내렸는데 혼자만 올린 정도.

· 아무도몰라형 – 율동하는 손이 반주와 상관없이 움직이는 성도.

---

84) Ibid., p. 10.

23) 헌금이 그만 하수도에[85)]

'500원은 헌금내고 500원은 아이스크림 사먹어. 알았지' '네─에', '어린것은 어깨에 가방 메고 양손에 500원짜리 동전 하나씩 꼭 쥐고 집을 나서 신바람 나게 주일학교로 달려간다. 그런데 신나게 달려가다 그만 넘어지고 말았다. 동전 하나가 땡그랑 하면서 굴러간다. 데굴데굴... 아이쿠! 저런! 하수도 구멍으로 빨려 들어가 버렸다. 어린 것은 툭툭 털고 일어나더니 한 손에 남아 있는 동전을 꼭 쥐면서 중얼거린다. '예수님, 죄송해요. 헌금이 그만 하수도 구멍에 빠지고 말았어요.'

24) 첫 인사[86)]

"아담과 하와의 첫 인사

아담이 하와에게 한 첫 인사는? ─ 하와 유(How are you)? 하와가 뭐라고 답했을까? ─ 하와 유~(충청도 말투)"

25) 최후의 인사[87)]

항공기가 드넓은 대서양에 불시착했다. 곧 안내방송이 나왔다. '수영하실 줄 아는 승객께서는 우측 날개 위로, 못하시는 승객께선 왼쪽 날개 위로 신속하게 모여 주시기 바랍니다. 우측 승객 여러분, 맞은편 섬까지는 2km입니다. 그리고 왼쪽 승객 여러분, 그동안 저희 항공사를 이용해 주셔서 대단히 감사했습니다.'

---

85) 이바울, 「특선유머집」(서울: 도서출판 감추인 보화, 2001), p. 41.
86) 조재선, 「리더를 위한 유머뱅크 1580」(서울: 베드로서원, 2002), p. 261.
87) Ibid., p. 264.

26) 心身Free 유머88)

"두 여자가 서로 남편 자랑을 했다. '우리 남편은 일만 하면 모든 사람들의 입이 떡 벌어지게 돼!', '남편이 무슨 일을 하는데?', '응… 치과의사야!'"

4) 웃음치료의 목적

웃음치료의 목적은 웃음을 통해 건강한 몸으로, 기쁘고 신나는 신앙생활을 하기 위함이다. 물론 성령의 충만함으로 하나님이 주시는 능력과 은사로 웃는 얼굴과 마음으로 신앙생활을 하는 것이 최선이라고 할 수 있다. 그러나 하나님의 말씀인 "항상 기뻐하라"는 말씀대로 웃음치료를 통하여 말씀을 접목시킬 때 그 효과는 앞서 거론한 성령충만으로 인한 희락의 은사와 비교할 수 없으나 보조적인 역할은 가능하리라고 생각하며, 항상 기뻐할 수 있도록 웃음치료를 실천하며 살아갈 때, 성령의 열매인 희락은 아니지만 말씀을 실천하는 효과를 가져와 희락의 은사를 견인하는 역할을 할 수 있다는 생각을 해본다. 물론 성령의 은사는 성령님께서 주시고자 하시는 전적인 성령님의 의지가 역사해야만 가능하다. 그러므로 웃음치료의 목적은 스트레스 없이 아름답고, 멋있는 표정을 지으면서 기쁘고, 행복하고, 보람 있는 신앙생활로 인도하고자 하는 것이 목적이다.

행복으로 가는 접근법은 상대방에게 웃음을 주는 방법이라고 할 수 있다.

---

88) 최규상의 유머편지, www.humorletter.co.kr 제1,195호,
   유머발전소 운영자 <choikyus@hanmail.net> 18.01.25 12:55.

"호주 ABC TV의 행복에 관한 과학적 접근법을 다루어 호주 국민 전체에 행복지수를 높인 것으로 기여한 앤서니 그랜트와 엘리슨 리는 '행복으로 가는 8단계 프로그램은 누구나 실천할 수 있는 변화를 제안한다.[89]'

사람의 모든 삶을 조절하지 않고 좋은 결과가 있었다. 차근차근 하나하나씩 실천하면 된다. 그 내용은 다음과 같다.

행복하기 위한 하나하나의 과정의 내용은 죽음 후를 가정하에 나에 대한 글을 쓰는 것이 먼저다. 사후 자기 자신에 대한 글을 쓴다는 것은 앞으로 내가 어떻게 살아가야 할지를 보여준다. 둘째는, 무조건 남에게 좋은 일을 해보는 것이다. 다른 사람들을 위하여 좋은 일을 한다는 것은 나와 다른 사람에게도 기쁨을 가져다주는 좋은 일이다. 셋째는, 정신을 차리고 나를 가다듬어 기쁨을 갖게 하는 것이다. 우리는 항상 그러한 마음을 가지고 사는 경우가 적다고 할 수 있다. 네 번째는, 내가 할 수 있는 주특기는 무엇인가와 문제풀이의 방법을 가지고 적극적인 힘으로 그 가능성을 바라본다. 다섯째는, 고마움에 관한 것이다. 고마운 마음을 갖는다는 것은 나와 타인의 상황을 좋게 만들어 줄 것이다. 여섯째는, 남의 잘못을 너그럽게 대하는 것을 생활화해야 한다. 남을 너그럽게 온유하게 대하기는 어려울 수 있다. 사람은 혼자 살 수 없는 존재이므로 남을 너그럽게 대하는 것은 성공적인 삶을 살게 할 것이다. 일곱째는, 사람들과의 소통과 유대 관계를 고려해 보는 것이다. 마지막 여덟째는, 위에 든 장점들을 되돌아보며 발전된 기쁨을 나에게 적용한다. 새로운 변화

---

89) 앤서니 그랜트·앨리슨 리, 「행복은 어디에서 오는가」, 장지현, (서울: 비지니스북스, 2013), pp. 23, 24.

와 행복을 온전히 내 것으로 만든다.

이와 같이 앤서니 그랜트와 엘리슨리는 인간이 행복으로 가는 길을 이끌어줄 수 있다는 연구를 하여 모든 사람들이 행복으로 갈 수 있는 길로 안내했다.

행복과 기쁨 그리고 웃음은 서로 연관이 있다고 볼 수 있으나 그 중에 본고에서 논하는 것과 좀 더 관련이 있는 것은 네 번째 단계인 '강점과 해결책에 집중하라'이다. 방법으로는 자신만의 강점을 파악하는 것이다. 성격 강점은 자신을 이해하는 데 유용한 기준이 되어준다. 여러 측면에서 긍정 심리학의 핵심, 즉 개인의 가장 뛰어난 모습을 보여주는 좋은 본보기가 된다.

다음의 학자들은 인간이 갈고 닦아야 할 강점과 덕목을 찾았다.

마틴 셀리그만과 크리스토퍼 피터슨은 긍정 심리학에서 가장 중요한 연구인 '성격 강점과 덕목' 연구에서 세계 주요 종교와 철학을 분석해 인간이 갈고 닦아야 할 강점과 덕목을 찾았다. 그들은 대부분의 문화권에서 중요하게 여기는 여섯 가지 덕목을 발견했다. 지혜, 지식, 용기, 인간애, 정의감, 절제력, 초월성이다. 이 여섯 개의 범주에는 창의성, 지혜, 정직, 끈기, 사회 지능, 공정성, 겸손, 유머 감각, 영성, 희망 등 24가지의 강점이 포함된다. 당신이 스스로를 판단했을 때, 당신의 강점은 무엇인가? 정도는 다르지만 당신도 많은 강점을 가지고 있을 것이다. 강점이란 당신이 남들보다 훨씬 뛰어난 부분, 내면에 활기를 불어넣고 위안이 되어주는 것, 즉 가장 소중한 가치를 말한다. 성격 강점에는 세 가지 중요한 요소가 있다. 첫째, 성격의 핵심적인 측면이다. 둘째, 생각, 감정, 행동의 자연스러운 패턴이자 진정한 나로 느끼게 해준다. 셋째, 강점을 활용하면 활력이 생기고 살아 있음이 느껴진다.

이제, 당신의 다섯 가지 강점을 찾아 일상생활에서 매일 활용해보기 바
란다. 강점 찾기를 도와주는 웹사이트나 전문기관의 도움을 받을 수도
있다.[90]

이들의 연구는 행복과 기쁨을 주는 강점 찾기를 강조했다.

웃음과 유머는 인간의 감정의 극대화라고 볼 수 있다. 인간의 감
정의 극대화는 '미적 월등함을 가진 느낌, 고마움, 소망, 타인을 웃
게 할 수 있는 능력, 믿음과 영적 능력 등이라 할 수 있다. 그중에
타인을 웃게 하고 개그를 즐긴다.

서로의 행복을 위하여 타인을 웃게 만들고, 긍정적인 삶을 살게
하는 것이 웃음치료의 목적이다.

「왜 사랑하면 좋은 일이 생길까」의 저자 스티븐 포스트와 질 니
마크는 "이 책에서 '사랑의 열가지 방식'을 제시하였다. '첫번째 사
랑. 감사, 두 번째 사랑. 보살핌, 세 번째 사랑. 용서, 네 번째 사랑.
용기, 다섯 번째 사랑. 유머, 여섯 번째 사랑. 존중, 일곱 번째 사랑.
연민, 여덟 번째 사랑. 충실함, 아홉 번째 사랑. 경청, 열 번째 사랑.
창의력'이다."라고 했는데 그중에 본고와 좀 더 관련된 내용은 다섯
번째 사랑인 '유머'라 할 수 있다.

유머는 모든 사람들을 웃으며 기쁘게 만드는 도구라 할 수 있다.
그리고 힘들고 지친 사람들의 마음을 풀어주는 해독제와 같다. 그러
므로 사랑하는 사람들의 특징이 웃음인 것처럼 웃음을 통하여 진정
한 사랑이 형성된다고 할 수 있다.

---

90) Ibid., p. 147.

'10분 노 젓기, 100번 웃기. 웃음이 병도 고칠 수 있을까?' 노먼 커즌스 Norman Cousine는 1979년에 발표해 큰 반향을 불러 일으킨 저서 「웃음의 치유력 Anatomy of an Illness」에서 매일 재미난 영화를 보고 웃으면서 비타민 C를 다량으로 복용했더니 자신이 앓던 강직성 척추염이 나았다고 술회했다. 또 20분 동안 실컷 웃고 나면 2시간을 고통 없이 편안하게 숙면할 수 있었다고 했다. 지극히 개인적인 경험일 수도 있지만 꽤 새겨들을 만한 이야기다.[91]

1964년 노만 커전스(Norman Cousins) 박사는 척수암 즉 고강도 관절 이상이라고 할 수 있는 병에 걸렸다. 뼈마디에 균이 침투하여 고통스럽게 살아갔다. 그러나 그는 포기하지 않고 나을 수 있다는 희망을 잃지 않았다. 그리고 긍정적인 사고방식으로 살아갔다. 그리하여 웃음과 유머에 대한 비디오를 보고 크게 웃고 나서 편안한 잠을 자게 되었다고 한다. 이처럼 웃음의 효과를 체험한 그는 여러 가지 방송 매체에서 나오는 웃음과 유머를 통해 더 웃기 시작하였는데 굳었던 손이 풀리고 온몸의 병균이 사라지므로 말을 탈 수 있는 단계에까지 호전되었다. 웃음이 만병통치는 아니겠지만 로만 커즌스 박사의 입장을 보면 만병통치와 같은 존재가 웃음이라고 할 수 있을 것이다.

그는 이처럼 웃음의 놀라운 효과에 대하여 선전했다.

유머가 심장에도 좋은 영향을 미친다는 것은 과학적으로 밝혀진 사실이다. 2001년 〈국제심장학저널International Journal of cardiology〉에 실

91) 신상훈, 「웃어라학교야」(서울: 즐거운학교, 2011), pp. 25, 26.

린 한 논문은 적개심과 공격성, 경쟁심이 높은 유형의 사람들은 관상동맥 질환에 걸릴 확률이 높지만 그중에서도 잘 웃는 사람들은 심장병 발병 확률이 낮다고 보고했다. 참지 못해 터뜨리는 발작적 웃음은 건강에 더욱 이롭다. 크게 웃을 때 우리 몸의 복근과 횡격막인 적당히 수축하고 심장 박동이 빨라지면서 성대가 진동한다. 이는 운동 효과와 함께 긴장감을 풀어주는 역할을 한다. 스탠퍼드 대학의 정신과 전문의 윌리엄 F 프라이(William F. Fry) 박사는 100번 웃을 때 10분간 노를 젓는 운동 효과를 볼 수 있다는 사실을 밝혀냈다.

웃음의 방법 중에 "배꼽이 빠질 정도로" 웃으라고 말한다. 그렇게 웃을 때 우리의 몸은 느슨해지며 상쾌해진다. 우리의 몸에 유익한 호르몬이 증가하고 스트레스 호르몬이 감소하기 때문이다. 그러므로 우리는 배꼽이 빠질 정도로, 허리가 끊어질 정도로 웃는 웃음을 생활화해야 한다.

'유머 구급상자'의 효과 – 유머는 기분을 좋게 해주기도 하지만, 때론 남의 기분을 망칠 수도 있다. 해로운 유머는 자존감을 떨어뜨리고 심리적 기능에 악영향을 미칠 수 있다. 심리학자이자 세계 웃음투어(World laughter Tour)의 설립자인 스티브 윌슨(Steve Wilson)은 마음에서 우러나오는 유쾌한 웃음은 건강의 청신호라면서, 건강한 웃음에는 네 가지 특징이 있다고 말했다. 그것은 첫째 비웃음이나 놀림이나 허무함 없이 따뜻하고 정겹게 느껴진다는 것, 둘째로 타당한 이유가 있다는 것, 셋째로 그 누구도 당혹스럽게 만들지 않는다는 것, 넷째로 웃기 전에 기대감과 긴장감을 조성한다는 것이다.…
제 이름은 레슬리입니다. 요즘 좀 화날 일이 있었습니다. 의사들이 분명히 6개월밖에 못 산다고 해서 겨울 외투를 죄다 내다 버렸거든요. 근데 벌써 1년이 지났지 뭡니까?'…그렇게 웃음과 유머는 제 삶을 온통 차지했습니다. 전 사람들에게 기쁨을 미루지 말라고 당부합니다. 저는 '기쁨 전도사'라는 별명도 얻게 되었습니다.[92]"

나에게 행복을 가져다주는 행복헌장 십계명은 웃음을 가져다주는 우리 모두가 추구해야 할 삶의 지표라 할 수 있다.[93]
기쁨을 가져올 수 있는 10가지 지표를 들면 다음과 같다.

a) 스포츠를 즐기자. 일주일에 5회 30분씩.
b) 기뻤던 일을 생각해 보자. 고마웠던 일들을 10가지 써보기
c) 말을 많이 하자.
d) 화초를 키우자. 정성을 다하여 보살피자.
e) 대중매체 이용을 줄이자.
f) 웃음을 표현하라. 만나는 자들에게 웃음을 짓고 안부를 묻자.
g) 서로 소통을 잘하자. 핸폰이나 이멜로 소식을 주고 받는다.
h) 하루 종일 15회 이상 웃어라. 하루에 15회 정도 이상만 웃어도 병원에 갈일이 반으로 줄어든다고 한다.
i) 나 자신을 칭찬하고 기뻐하는 사간을 가져라.
j) 항상 남에게 좋은 일을 매일 3회 이상 하라.

이상에서 살펴본 바와 같이 웃음은 우리 인생에 희망과 힘을 주는 꽃이라 할 수 있다. 그리고 웃음치료를 통하여 건강과 병의 치유

92) 스티븐 포스트·질 니마크, 「왜 사랑하면 좋은 일이 생길까」, 강미경(서울: 다우출판, 2013). pp. 169, 170.
93) 오혜열 「웃음희망 행복나눔」(서울: 도서출판 멘토, 2011), p. 94.

와 완화의 효과를 가져와 기쁨과 긍정적인 마음으로 살게 한다. 이
와 같은 점들은 웃음치료가 신앙생활에도 크고 좋은 영향력을 미치
고 행복한 삶으로 인도한다고 볼 때 웃음치료를 하는 목적은 더욱
분명해진다.

02

웃음치료가 신앙에 미치는 영향

국제 올림픽의 슬로건으로 '건강한 육체에 건강한 정신이 깃든
다.'는 말이 있듯이 건강을 위한 웃음치료가 건강한 몸과 건강한 정
신 더 나아가 건강한 영을 갖도록 인도해 주는 도구라 할 수 있다.

1) 웃음치료와 자기 관계

가. 신체적, 생리적 효과[1]

웃음의 어원은 헬레(hele)이고 그 의미는 건강(health)이라는 사실을
볼 때 이미 고대인들은 웃음을 건강이라고 생각했다. 이것은 현대의학이
웃음의 생리적 효과를 규명하기 훨씬 전부터 웃음과 건강이 밀접한 관
계있다는 것을 알고 있었다는 의미가 된다. 고대로부터 지금까지 여러
연구자들을 통해 웃음의 효과는 입증되었다. 현대의 웃음 연구 전문가들
은 현대를 살아가는 사람이라면 누구나 겪고 있는, 만병의 근원인 '스트
레스'를 해결하는데 웃음치료만큼 효과적인 것은 없다고 자신 있게 말
한다. 로마린다 의대의 리 버크(Lee Berk)는 그의 논문 '웃음과 면역체
의 관계'와 또 다른 연구에서 웃음이 인터페론 감마의 양을 증가시켜 T
세포의 성장과 세포 독소의 구분, 그리고 백혈구의 활성과 B세포 성장
요인이 되어 면역 글로블린을 생성하는 기능을 한다고 했다.

웃음치료는 심리치료 중에 대안이 될 수 있다. 특별히 웃음을 통
하여 감기의 예방효과를 가져오는 인터페론 감마와 면역 글로블린
을 생산하는 것은 참 의학의 단계를 밟는 것이라 볼 수 있다. 정상

---

1) 김미숙, "크리스챤 자존감 증진을 위한 웃음치료 프로그램", "서울 신학 대학교 상담대학원 석
   사논문, 2010. pp. 59, 60.

의학이나 심리치료를 통하여 치유되지 못한 환우들 중에 웃음을 통해 병이 치유된다면 어떤 면에서 참 의학보다 더 좋은 치유효과를 내는 것이 웃음치료라 할 수 있을 것이다. 물론 "모든 것이 합력하여 선을 이룬다(롬 8:28)"는 성경의 말씀처럼 기존의 의학과 심리치료 등 모든 것이 합력하여 영·혼·육·간의 건강한 삶이 이루어지기를 바란다.

나. 심리적, 정서적 효과[2]

웃음이라는 즐거운 경험은 감정을 조절하고, 현 상태를 올바르게 수용하며, 불안이나 공황장애로부터 벗어날 수 있도록 해 준다. … 미국의 심리학자 세드 헴스테더는 '인간은 하루에 약 5만~6만 가지의 생각을 하며 이 생각 중에서 75%인 3만~4만 가지는 저절로 부정적으로 흐른다'고 지적했다. 일반적으로 사람은 행복보다는 불행을 더 생각하며 또한 긍정적인 것 보다는 부정적인 시각으로 자기를 바라보며 세상을 평가하게 된다는 뜻이다.

이처럼 웃음은 5만 가지 생각을 긍정적 적극적으로 이끌어주는 활력소가 되기에 충분하다. 그리고 웃음은 우리의 삶에 기쁨을 주는 효과가 있다고 할 수 있다.

웃음의 본질은 스스로 모든 상황을 풀어주지는 않는다. 그렇지만 사람들이 웃음을 생활화하는 것은 모든 상황을 풀어주는 좋은 역할을 하게 될 것이라는 것이다. 웃음은 우리에게 적극적이고 잘 될 수

---

2) Ibid., pp. 61-63.

있다고 하는 시각을 갖게 하기 때문이다.

웃음의 반대말은 스트레스이다. 스트레스를 받으면 웃지 못한다. 그러나 웃을 수만 있다면 스트레스는 사라지게 된다. 웃음은 불안한 심리와 정서를 긍정적이고 적극적으로 바꿔주는 효과가 있다.

2) 웃음치료와 이웃과 하나님 관계

하나님은 웃으시는 하나님이라는 말에 동의한다.

> 가끔씩 '목사님! 하나님도 과연 웃으실까요?'라는 질문을 받는다. 그때마다 나는 '예! 그렇습니다. 하나님도 웃으십니다'라고 대답한다. 그러나 좀 더 깊이 생각해보면 이 질문이나 대답이 좀 틀렸다는 생각이 든다. '하나님도 웃으시나요?' 대신에 '하나님은 웃으시나요?'라고 물어야 되고, '하나님도 웃으십니다' 대신에 '하나님은 웃으시는 분입니다'라고 대답해야 정답이다. 왜냐하면 하나님은 인간을 자신을 닮게 지으셨기 때문이다.[3]

즐거운 삶을 살기를 원하는 사람은 인간을 지으신 하나님의 말씀을 실천하는 사람이 되어야 할 것이다. 하나님의 말씀은 인생의 네비게이션이기 때문이다. 천지 만물은 하나님의 지혜로 만드셨기 때문에 하나님의 말씀은 사람들의 지혜라 할 수 있는 것이다. 성경은 또한 세상을 살아가는 사용설명서라 할 수 있다. 그러므로 세상에서 승리하려면 하나님의 말씀을 알고 실천해야 한다.

---

3) 박영민, 「예수님의 웃음초대」(서울: 도서출판 토기장이, 2006), p. 17.

하나님은 사랑의 하나님이시면 공의로우신 분이십니다. 공의로우신 하나님을 본받아 거룩하고 성결하게 사는 것과 사라의 하나님을 본 받아 하나님을 사랑하고 이웃을 사랑하고 살아갈 때 하나님은 우리를 향해서 웃음을 지으실 것이다.

태초에 하나님께서는 이 세상을 창조하실 때 기뻐하셨고, 심히 기뻐하셨습니다. 너무 기뻐하셔서 크게 웃으셨다고 할 수 있다. 이와 같이 하나님은 웃으시는 분이시기 때문에 피조물인 우리들도 웃고 사는 것은 하나님의 뜻을 이루는 행복한 삶이라 할 수 있다. "여호와께서 그 말씀대로 사라를 권고하셨고 여호와께서 그 말씀대로 사라에게 행하셨으므로 사라가 잉태하고 하나님의 말씀하신 기한에 미쳐 늙은 아브라함에게 아들을 낳으니 아브라함이 그 낳은 아들 곧 사라가 자기에게 낳은 아들을 이름하여 이삭이라 하였고 그 아들 이삭이 난지 팔일만에 그가 하나님의 명대로 할례를 행하였더라 아브라함이 그 아들 이삭을 낳을 때에 백세라 사라가 가로되 하나님이 나로 웃게 하시니 듣는 자가 다 나와 함께 웃으리로다 또 가로되 사라가 자식들을 젖 먹이겠다고 누가 아브라함에게 말하였으리요 마는 아브라함 노경에 내가 아들을 낳았도다 하니라 아이가 자라매 젖을 떼고 이삭의 젖을 떼는 날에 아브라함이 대연을 배설하였더라(창 21: 1-8)." 웃으시는 하나님께서 이삭을 낳은 어머니 사라를 웃게 하셨습니다. 그리고 그 사실을 듣는 자들이 '함께 웃으리로다'라고 하여 웃음의 근원이 하나님이신 것을 알 수 있다. 웃음은 사회적 효과와 영적인 효과를 가져 온다.

"사회적효과4): 웃음은 사고의 틀을 넓히고 통찰력을 쉽게 할 수

있게 주며 웃음을 나눔으로써 친밀갈, 소속감, 따스함, 우호감 등
을 증진시킬 수 있다."

웃으며 장사하고 웃으면서 뭔가를 하게 되면 그렇지 않은 사람들
보다 모든 일을 더 잘할 수 있다. 웃음은 스트레스 없이 일을 할 수
있도록 하며, 증오와 죄책감 등 좋지 않은 감정들을 감소하게 한다.
그리고 웃음은 내면의 힘을 주고 자존감을 높여준다. 창조의 능력을
높여준다. 이러한 점들은 인간 서로의 관계를 개선하여 서로 맡은
바 사역을 잘하도록 하도록 인도한다.

우리나라 속담에 "웃으면 복이 온다"라는 말이 있다. 웃음은 친
밀감을 형성하여 다른 사람들과 협력하여 서로에게 유익을 주므로
복이 된다고 할 수 있다. 장사하는 사람들도 웃으며 장사를 하면 잘
되고, 사는 사람도 웃으며 사는 자에게 싸고 좋은 물건을 살 수 있
는 것이다.

"영적효과5): 웃음은 항상 기쁨의 생활을 하도록 이끌어 준다. 이
가운데서 우리는 하나님과의 관계 속에서 하나님이 명령하신대로
항상 기뻐하는 삶을 살 수 있게 된다."

모든 고난과 세파에 참고 견디는 능력을 배양하게 되고 하나님께
우리들에 대한 사랑을 고백하게 된다. 이와 같이 영적인 삶은 타인
에게 기쁨을 주고 소망을 주는 성도가 되도록 해줄 것이다. 웃음을
소유한 자는 내면세계가 건강하기 때문에 좌로나 우로나 치우치지
않는다. 그러므로 최종적으로는 나 자신의 뜻을 내세우는 것이 아니

---

4) 김미숙, "크리스챤 자존감 증진을 위한 웃음치료 프로그램". "서울 신학 대학교 상담대학원 석
　사논문, 2010. p. 65.

5) Ibid., pp. 63, 64.

라 하나님의 간섭하시고 통치하시는 은혜로 기쁨으로 하나님과 함께하는 삶을 살게 되는 것이다.

에녹은 "하나님을 기쁘시게 하는 자라 하는 증거를 받았느니라(히11:5 하)"고 하여 기쁨의 최고의 표현이 웃음이라고 볼 때, 에녹은 하나님의 명령인 웃음과 기쁨을 실천하고 하나님과 동행하여 죽지 않고 하나님께 옮김을 받았다고 했습니다. 그러므로 웃음은 영적 최고의 복을 받는 비결인 셈이다.

4장

웃음치료 프로그램

01

웃음치료의 원리와 방법

1) 웃음치료의 원리

웃음치료는 인지행동치료[1]의 한 분야로 발전되어 가고 있다. 인지행동
치료는 치료자가 정신역동이론을 기반으로 해서 행동수정의 기준을 활
용하여 부적응 행동을 치료하는 통합적 심리치료기법이라고 할 수 있다.
인지행동치료는 개인의 정서와 행동이 주로 그가 세계를 구조화하는 방
식에 의해 결정된다는 이론에 기초하고 있다.

정신분석적 치료는 인지적인 면을 강조한다. 이와 같이 인지치료
를 실시할 때에는 겉으로 나타난 문제를 치료하며 지나간 체험은
간과한다.

인지행동 치료에는 다양한 기술들이 포함되어 있다. 인지 치료, 합리적
정서 치료, 스트레스, 극복훈련, 불안조정 훈련, 문제 제기 훈련, 자기
통제 훈련, 자기 극복훈련 등이 모두 인지행동치료의 한 종류이다.

웃음치료는 여러 가지 복합적인 프로그램들로 구성된다. 웃음치
료의 특징은 크게 한번 웃는 순간 다양한 기술들이 복합적으로 작
용하여 치유와 완화, 긍정적인 삶으로 인도한다는 것이다. 이 세상
에서 가장 좋은 것은 거의 다 무료이다. 햇빛, 공기, 물 등. 그런데
그 중에 속한 것 중의 하나를 든다면 바로 웃음이라고 할 수 있다.
웃음은 우리 몸의 암세포를 없애주는 효과를 가져 오는 좋은 도구
인데 이 역시 무료이기 때문이다.

---

1) 안근석, 「심리학개론」(서울: 형설출판사, 1991)(김미숙, "크리스챤 자존감 증진을 위한 웃음치
   료 프로그램", "서울 신학 대학교 상담대학원 석사논문, 2010:41에서 재인용)

인지행동치료의 기술에는 강화, 자기교시법, 모델링, 역할놀이, 행동형성법 등이 있는데 이러한 특별한 기술과 함께 문제 행동에 내재해 있는 인지 과정을 훈련시키는 것이 인지 행동치료이다. 강화는 바람직한 행동을 증가시키고 부적절한 행동을 감속시키는 후속 자극을 말한다.

자기 교시법은 언어의 힘을 통하여 통제한다. 자신의 내면 속에 잠재되어 있는 것을 언어로 발현하게 함과 동시에 그것을 실천하게 하는 것이다. 모델링은 습득해야 할 행동을 개인이나 단체가 실시할 현재 모습을 영상을 통해 시청하게 하는 것으로 행동을 개선하는 결과를 가져온다. 역할극은 역할 행동을 하면서 다른 사람이 평가하고 그 결과를 살펴봄으로서 자신의 상태를 측정해 볼 수 있다. 참고로 바람직하지 못한 역할극은 무엇인가를 판단할 수 있게 된다. 행동형성법은 창조적으로 행동을 형성하는 순서이다. 이것은 행동형성의 방향을 목표에 근접하도록 하는 절차이다.

합리적인 정서 치료는 여러 가지 원인에서 오는 병으로 인해 부정적이고 폐쇄적인 마음을 배제하고 소망적이고 원활한 마음을 가질 수 있도록 해야 할 것이다. 마음이나 정신세계에서 오는 치유는 많은 상황을 어떻게 바라보느냐에 따라 틀려진다. 행동 교정의 방법은 우선 행동분석, 행동계획을 세운 다음 실시하는 것이다.

인지행동치료의 핵심은 문제 행동에 들어있는 인지 과정을 훈련시키는 것임을 알 수 있다. 특히 바람직한 행동은 살려나가고 바람직하지 않는 행동은 감속시키는 것이다. 그런 의미에서 웃음치료는 바람직한 행동이라고 할 수 있다. 웃음은 웃음 자체가 바람직한 행동이기 때문이다.

2) 웃음치료의 방법2)

> 웃음은 안전한 장소의 역할을 해 준다. 그렇기에 웃음의 치료적 세팅은
> 대상자가 자신을 탐구하고 변화를 가져올 수 있는 안전한 장소가 되어
> 야 한다. 미소나 작은 웃음, 큰 웃음 등의 경험은 내담자로 하여금 안전
> 함을 제공하고 안전한 장소를 만들어 주고 자신의 감정을 방출할 수 있
> 도록 해 준다. 그리고 피드백을 통하여 자신의 느낌을 언어로 표현할 수
> 있도록 해 준다.

　요즈음 웃음을 통해 기쁘고 활기찬 모습을 볼 수 있다. 우리나라
의 사람들은 지금까지 잘 웃지 않는 민족이었다. 그러나 기독교 신
앙이나 웃음치료 활동으로 웃으며 표정이 많이 개선되었다고 판단
한다. 그러나 더 밝고 더 나은 삶을 위하여 웃음치료사들의 활동이
요구된다. 이를 위한 전문적인 연구와 웃음치료에 대한 목표를 세우
고 목표에 따른 절차를 세워 나아가야 한다. 웃음치료 목표는 대상
자의 상태를 판단하여 그의 적절한 치료 목표를 정하여 웃음치료
프로그램을 기획하고 실시한다. 그 다음은 그 결과를 살펴보면서 적
절한 웃음치료 프로그램을 가감해 나아가야 한다.
　연극의 4요소는 배우, 관객, 무대, 희곡이다. 이를 웃음치료 활동
에 적용한다면 배우는 웃음치료사, 관객은 웃음치료 대상자, 무대는
웃음치료를 할 수 있는 적당한 장소, 희곡은 웃음치료 프로그램이라
고 할 수 있다. 그러므로 웃음치료는 안전한 장소 그리고 안전한 분

---

2) 김미숙, "크리스챤 자존감 증진을 위한 웃음치료 프로그램", "서울 신학 대학교 상담대학원 석
　사논문, 2010. pp. 47, 48.

위기의 장소를 택하여 진행해야 한다. 그리고 웃음치료 대상자들이 자신의 감정을 잘 표현할 수 있도록 해주어야 한다. 또한 효율적이고 효과적인 웃음치료를 개발하고 세심한 치료계획을 세우는 웃음치료사가 되어야 한다. 마지막으로 문제 진단 평가 등을 통하여 치밀하게 계획된 웃음치료 프로그램이 요구된다고 할 수 있다.

웃음치료를 진행하기 위해 치료자는 우선 실내 환경을 변형하거나 혹은 장식하여 웃을 수 있는 환경을 만들어야 한다. 특별히 앉거나, 서는 것에 제약이 없는 장소여야 한다. 여기에 더 높은 치료 효과를 도출하기 위해 여러 가지 유머기법을 활용한다.
  a) 상대방의 예측을 무너뜨려서 기대했던 것이 사라지게 한다.
  b) 곡해와 궤변으로 열변을 토한다.
  c) 말하고자 하는 내용을 최대한 과장한다.
  d) 때로는 바보 노릇도 서슴치 않는다.
  e) 단어의 다른 뜻을 부각시킨다.
  f) 독특한 표정과 몸짓을 개발한다.
  g) 개그맨이나 코미디언의 말투나 행동, 몸짓을 평소에 연습해 둔다.
  h) 라디오, TV, 인터넷 같은 대중매체, 유머관련서적 등 자료를 수
     집해서 활용한다.

웃음치료를 실시하기 위해서는 위와 같은 요령을 견지하며 기존의 웃음치료 프로그램을 기획하고 계발하여 나아가야 할 것이다. 필자의 경우에도 웃음치료에 대한 많은 동영상을 살펴보며, TV에 방영되는 개그나 코메디 프로그램을 통하여 웃음치료에 대한 좋은 정보를 받고 웃음치료 프로그램에 반영하고 있다.

02

웃음치료의 전략과 실제

1) 웃음치료의 전략

'웃음에도 전략이 있다.[1]'라는 말은 웃음이나 웃음치료에 효과성을 높이기 위해서는 전략을 사용해야 함을 시사한다. 웃음 역시 누가 가져다주는 것이 아니라 자신이 스스로 만들어 낼 수 있는 것이다. 따라서 우리가 웃으며 사는 Fun한 사람이 되기 위해 훈련이 필요하다. 모든 운동이나 사업도 전략을 세워서 집중하고 반복하여 성취하듯이 웃음도 전략을 세우고 꾸준히 훈련하고 실천해 나가면 반듯이 이루어진다. 재미교포 진수테리는 '어린아이처럼 한 걸음 한 걸음 웃음 걸음마를 연습하라 '고 말한다. 하루아침에 웃음형 인간이 될 수 없다. 항상 웃는 긍정적 사람이 되기 위해서는 반복 훈련과 인내가 필수이다.

누구나 웃음형 인간이 된다는 것은 단기간에는 힘이 든다. 그러나 지속적인 노력으로 참고 살면 웃음형 인간이 될 수 있다. 그러므로 웃음형 인간이 되기 위해서는 잘 짜여진 전략과 목표를 세워 나아가야 할 것이다. 웃음형 인간이 되기 위하여 최선을 다하고 힘을 모아야 한다. 웃음형 인간이 되기 위한 노력은 다양하고 좋은 혜택을 가져오는 효과가 있다.

가. 성공을 창조하는 웃음형 인간이 되라

웃음형 인간이란 Fun한 사람을 가리킨다. 진수테리는 영어로 Fun이 다음의 세 단어의 복합된 단어라고 한다. F는 Funny(재미)의 약자로 재

---

1) 조순배, 「웃으면 성공한다」(경기도 시흥: 도서출판 생명샘, 2006), pp. 145-146.

미있게 사는 것이 펀(Fun)이다. U는 Unique(독특함)의 약자로 자기의
독특한 장점을 개발하고 상품화하는 것이 Fun이다. N은 Nurturing(양
육, 보살핌)의 약자로 남을 세워주고, 돕고, 베풀어주는 것이 Fun이다.
실제 펀(Fun)이라는 단어를 만들 때 세 단어를 복합해서 만들었는지 진
의를 알 수 없다. 그러나 그와 같은 방법으로 펀(Fun)을 기억하는 것은
재미있는 연상법이라 생각된다.

웃음은 나 자신은 물론 이웃에게도 유익을 준다. Fun하게 웃으며
사는 사람이 성공하는 사람이다. 이와 같이 웃음을 통하여 기쁘고,
개성이 있고, 남을 위한 삶, 즉 Fun한 삶을 살아갈 때 나도 행복하
고 남에게도 좋은 영향력을 미치게 되어 바람직한 인간의 삶을 살
게 된다. 이를 위하여 다음의 내용을 견지해야 한다.

1) 온유한 심장을 가져야 한다
우리가 사는 지구촌은 기쁨과 슬픔의 사계절이 있다. 그러므로
웃음을 통해 온유한 심장을 가지고 남을 섬기는 일들이 많아져야
한다. 남을 먼저 생각하고 먼저 웃는 운동이 확산되어야 할 것이다.
많은 사람들이 유머를 사용하지만 냉소적이고 남을 비웃는 것과 같
은 유머는 하지 않는 것이 좋다. 음담패설을 즐기는 사람들도 있지
만 그러한 사람들의 주변은 언젠가는 아무도 남지 않게 된다. 그러
므로 웃음을 통해 온유한 심장을 가지고 좋은 영향력을 끼치는 성
공적인 사람이 되어야 할 것이다.

2) 차분한 심장을 가져야 한다

웃음은 좋은 관계를 맺고 서로에게 유익을 준다. 그러므로 차분한 심장을 가져야 한다. 특별히 우리나라 사람들은 성격이 급하다. 자동차 운전을 해본 사람이라면 다 알 것이다. 조금만 앞에 있는 차가 지체하면 곧바로 경적을 울린다. 아마도 외국 사람들이 우리나라의 말을 배울 때 가장 먼저 배우는 말이 욕이나 '빨리빨리'일 것이다. 다혈질적이고 급한 성격은 남의 심장을 감동시킬 수 없다. 그러나 웃음을 통해 차분한 심장을 가지고 웃음과 유머를 활용한다면 자신은 물론 타인에게도 좋은 영향력을 미치는 사람이 될 것이다.

3) 피차 용납하고 받아들여야 한다

웃음형 인간은 피차의 잘못을 용납하고 받아들여야 한다. 사람들은 죄성이 있기 때문에 타인들의 잘못을 용납하고 받아들이는 것보다는 그렇지 못한 경우가 더 많음을 볼 수 있다. 그러나 타인의 잘못이나 실수를 용납하고 부드럽게 대하는 습관을 가져야 한다. 이러한 습관을 갖는다는 것은 어려운 일이다. 그러나 피차 용납하고 받아들이는 습관을 목표로 살아갈 때 나 자신은 물론 타인들에게도 유익이 될 것이다. 사실 남을 용납하지 않으면 오히려 나 자신에게 크나큰 손해를 끼치게 된다.

4) 넓은 마음을 가져야 한다

넓은 마음은 나 자신보다는 남에게 더 유익을 주는 마음이다. 많은 사람들이 남보다 좀 더 가지려고 안간 힘을 쏟고 있다. 더 많이 가지려는 욕심은 남에게 피해를 준다. 세상의 나라들은 전쟁의 역사라 할 정도로 남의 나라의 영토를 빼앗기 위해 수많은 사람들이 피를 흘리며 세상을 떠나갔다. 그러므로 욕심을 버리고 넓은 마음을 갖는 것이 중요하다. 더 나아가 고마운 마음을 가져야 한다. 그러한 마음은 자기를 낮추는 효과가 있다. 자기를 낮출 때 상대방과의 좋은 관계는 지속될 것이다.

성경에서 말하는 황금률은 남에게 대접을 받으려면 먼저 남을 대접하라고 했다(마 7:12). 관대한 마음을 가지고 남을 대접하는 것이 성공을 창조하는 웃음형 인간인 것이다. 상대방을 세워주고 칭찬하는 습관은 좋은 관계가 형성되어 시너지의 효과를 가져오게 될 것이다. 남을 인정하고 넓은 마음을 가지므로 내가 행복하고 타인을 웃게 하는 행복 전도사가 되어야 할 것이다.

5) 남과 다른 독특한 삶을 살아야 한다

지구상의 모든 사람들은 각기 다른 삶을 살아간다. 그 독특함은 우리에게 다양한 모습으로 유익을 준다. 자동차를 만든 사람, 비행기를 만드는 사람, 컴퓨터를 만드는 사람, 좋은 음악을 들려주는 사람, 스포츠를 통하여 인간의 한계를 넘어서는 것과 같은 감동을 준다. 남들보다 잘나 보이려고 사고를 치는 사람들을 볼 때도 있지만 모든 인류가 타인의 삶에 유익을 주기 위해 노력하는 사람들도 많다. 그러므로 남에게 유익을 주는 독특한 삶을 살아야 할 것이다. 요즘 유행하는 말로서 "틀린 것이 아니라 서로 다른 것이다"라는 말은 남을 세워주고 인정하는 좋은 모습이라 생각된다. 우리를 웃지 못하게 하는 요인들은 비교의식, 급한 성격, 사소한 것에 목숨 걸기라 할 수 있다. 남과 비교하는 것은 우리에게 스트레스를 유발한다.

그러므로 남과 다른 삶을 인정하고 세워주는 삶이 요구된다.

  6) 많은 지식을 습득하고 수많은 체험을 가져야 한다
  나 자신이 즐겁고 행복한 삶을 사려면 많은 지식을 습득하여 자신의 것으로 만들고 많은 체험을 쌓아야 한다. 가장 행복하게 살려면 많이 알아야 한다. 다 그런 것은 아니지만 대체로 지식이 많은 사람들이 그 지식을 활용하여 보다 나은 삶을 살 수 있다. 많은 경험을 해야 웃음형 인간이 될 수 있다. 사람들이 행복하기 위해서는 서로 대화를 잘하고, 적당한 운동, 좋은 먹거리, 많은 지식을 쌓아가는 방법을 들 수 있다. 그 중에 이 모든 것을 아울러서 행복을 체험하는 것은 여행이라는 말을 들은 적이 있다. 여행 속에는 앞서 열거한 요소들이 복합적으로 들어있기 때문이다.
  지식을 쌓는 좋은 방법은 수많은 서적을 탐구하는 것이다. 어렸을 적에 만화를 보면 그 당시 생각으로는 전혀 실현 불가능한 것들이 지금 세계의 현실로 나타나고 있음을 볼 수 있다. 그러므로 도서를 통하여 지식을 쌓는 것은 타인에게 웃을 수 있는 좋은 정보를 제공해 줄 것이다. 위인전, 만화, 과학 등 많은 도서를 살펴보는 것은 웃음치료사 활동이나 모든 사람들의 삶에 유익을 줄 것이다.
  여행의 즐거움은 참으로 크다. 각 나라마다 언어가 다르고 문화가 다르다. '다른 것은 틀린 것이 아니다'라고 말들 하지만 세계의 다양한 문화 속에는 틀린 것도 많이 존재한다. 그럼에도 불구하고 다양한 나라의 모습들을 살펴보는 여행은 전체적으로 큰 즐거움이 되고도 남는다. 많은 지식을 쌓고 수많은 체험은 우리의 삶을 기쁘고 풍요롭게 만들고 우리들에게 삶의 승리를 가져온다.

나. 웃음형 인간이 되는 습관을 들여라

우리가 웃음형 인간이 되는 것은 일생 계속되는 연습에 달려있다. 모든 값어치 있는 것은 한순간에 얻어지지 않는다. 학자가 되는 것도 끊임없는 연구와 노력이 습관화되어야 가능하다. 세계적인 유능한 운동선수가 되는 것도 매일 프로젝트를 따라 꾸준히 연습하고 습관이 들여져야 한다. 웃음형 인간이 되기 위해 좋은 습관을 길러야 한다.

웃음형 인간이 되는 길은 로마가 하루아침에 이루어진 것이 아닌 것처럼 어려운 일이다. 그러나 매일 매일의 삶속에 좋은 습관을 쌓아가는 것이 중요하다. 습관은 우리에게 행복을 가져다주기도 하지만 그와 반대로 우리들을 망하게 할 수도 있다. 하루에 오만가지 잡생각이 우리 머릿속을 스쳐 지나간다고 한다. 그 생각들이 생산적인 삶을 살게도 하고 악하고 망하는 길로 가게도 만든다. 그러므로 좋은 생각을 받아들이고 바람직한 생각을 실천에 옮기는데 힘써야 할 것이다. 특별히 웃음형 인간이 되는 좋은 삶을 지양해야 할 것이다.
관습을 바꾸는 것은 참으로 어려운 일이 될 수 있다. 사람들은 누구나 똑 같은 방식으로 편안한 삶을 살고자 한다. 지금까지 했던 일이 더 편하다. 그러나 웃음주도형 사람이 되는 것은 웃음치료사의 가야할 마땅한 길임에 분명하다. 웃음형 인간이 되는 것은 우리가 어떤 결정을 하는가에 달려있다.
웃음형 인간이 되기 위한 관습을 살펴본다.

가) 어린이 같은 마음으로 많이 웃어야 한다

어린이들은 순진하다. 웃음형 인간이 되려면 어린이의 시각으로 세계를 살펴봐야 한다. 상식적인 눈으로 세상을 보면 불행한 삶을 살 수도 있다. 순진한 어린이들은 웃음이 자연스럽게 터져 나오기 쉽다. 우리들은 수많은 사람들을 삶 속에 만난다. 그러므로 수많은 어려움에 처할 때가 많다. 그 어려움들은 웃을 수 없고 스트레스가 된다. 스트레스는 우리를 웃게 할 수 없다. 웃음형 인간이 되기 위해서는 어린이들처럼 순진하게 자주 웃어야 한다. 어린이들은 순진하게 자주 웃기 때문에 어른들보다 더 오래 산다. 어린 아이들은 하루에 약 400번 정도 웃는다고 한다. 그런데 어른이 되면 잘 웃지 않는다. 하루에 15번만 웃으면 병원에 갈일이 절반으로 줄어든다는 말이 있다. 하루 15번 정도 웃을 여유가 없다는 얘기이다. 우리나라는 '선비사상', '웃으면 헤프다' 등 웃음에 대한 부정적인 시각을 가지고 있었다. 그러나 웃음을 통해 암도 낫는 긍정적인 면을 살려서 웃자는 운동이 확산되어야 하겠고, 웃음치료사를 많이 배출하여 웃자는 운동과 함께 각자 웃을 수 있는 마음을 갖도록 인도해 나아가야 할 것이다. 이를 위하여 웃는 훈련도 자주하고 웃는 습관이 정착되도록 나라나 개인 모두가 힘써 나아가야 할 것이다.

나) 기록하는 습관과 탐구하는 습관을 들여야 한다

앞서 웃음형 인간이란 'Fun한 사람이다'라고 했다. 웃음이 있으면서, 남과 달리 독특하고, 남을 배려하고 돌보는 사람을 말한다. 그러한 사람이 되기 위하여서는 웃음이나 유머에 대한 좋은 소재를 찾아 그것을 기록에 남겨야 한다. 그리고 그것을 적시적소에 구사하는 능력이 있어야 하는 것이다. 가장 가까운 사람에게 세 번 이상 사용하는 것은 웃음형 인간이 될 수 있으리라고 생각한다. 그러므로 좋은 소재를 찾고 기록하게 하여 사용하는 훈련을 해야 한다.

다) 관련지어 기억하고, 서로의 다른 점을 살펴보고, 은유하는 습관을 들여야 한다

웃음형 인간은 오래전의 굳어져 있는 생각을 버리고 타인의 간섭을 받지 않고 생각에 자유함을 가지고 생활하는 사람이다. 말이나 행동에 연결 고리를 만들어 웃음이 터져 나오도록 해야 한다. 우리가 쓰는 말들은 서로 다른 뜻을 가지고 있는 경우가 많다. 같은 단어도 전혀 다른 뜻으로 연관해서 말할 때 웃음이 유발된다. 그리고 부정적인 모습을 웃음으로 표현하여 긍정적인 상황을 만들어 내야 한다.

라) 웃음형 사람들과 가까이하라

우리들은 살면서 많은 사람들을 만난다. 그 중에서도 많은 웃음을 만들어 내는 웃음형 사람들을 만나는 것은 나에게 좋은 영향력을 제공해 준다. 그러므로 웃음형 인간과 가까이 하면 나 자신도 웃음형 인간이 될 수 있다. 예나 지금이나 '왕따'의 문제는 웃을 수 없는 상황을 만드는 것이다. 그러나 그러한 부류를 탐색하여 웃음을 주고 힘을 준다면 우리가 사는 사회는 훨씬 좋은 사회가 될 것이다. 교만하고 원망하며, 불평불만을 터뜨리는 부정적인 사람을 멀리해야 한다. 그러한 사람들과 가까이 하면 나도 그러한 사람이 되기 쉽기 때문이다. 긍정적인 말 웃음이 나오는 말을 생활화해야 한다. 아리스토텔레스가 '인간은 사회적동물이다'라고 했는데 인간이 웃음을 창조하는 사회적 동물이 될 것을 결단해야 한다.

마) 웃음도 훈련이다

우리의 웃음은 내 안의 세계에서 나온다. 그러므로 웃음의 훈련은 중요한 일이다. 항상 긍정적인 마음과 기쁜 마음으로 웃는 얼굴을 훈련해야 한다. 웃음의 훈련은 내면세계의 감동으로부터 자연스럽게 터져 나오는 즐거움의 발현이므로 그러한 경지에 이르도록 웃음의 훈련을 해야 한다. 우리의 몸은 얼굴 표정에 의해서 반응한다고 한다. 즉 웃는 얼굴이면 우리 몸의 상태도 웃을 수 있는 일들이 일어나고, 얼굴을 찌푸리고 있으면 몸의 상태도 침체되는 결과를 가져 온다고 한다. 그러므로 습관적으로 웃는 웃음은 우리들을 행복한 삶으로 인도할 것이다. 웃음의 훈련은 우리들의 삶에 긍정적이고 밝은 미래를 보장한다.

다. <u>Fun하게 하는 유머 기법을 사용하라</u>

{포춘}지[2]가 선정한 일하기 좋은 100대 기업의 공통점은 바로 '재미'였다. 즉 재미가 있어야 회사가 잘 되고 성공하는 기업이 된다는 말이다. 우리가 웃으려면 유머 있는 사람이 되어야 한다. 인생의 목적은 행복이고 행복은 반드시 웃음을 동반한다. 웃음이 어디에서 생겨나는가? 웃음을 인위적으로 만드는 대표적인 방법이 유머다.

---

2) 위키백과: "(Fortune)은 미국의 최장수 비즈니스 잡지이다. 1930년 헨리루스에 의해 세워진 ≪포춘≫은 현재 타임워너가 소유하고 있다. 매년 정기적으로 내놓는 기업 이익 순위 표로 유명하다."(인터넷 구글 검색 2017. 08. 30 오후 4:03).

일상생활에서 웃음과 유머를 잘 구사하게 되면 행복한 삶을 살 수 있다. 웃음은 인간 서로간의 관계를 좋게 한다. 유머는 긴장을 풀게 하여 어렵게만 느껴졌던 문제를 풀어 주는 효과가 있다. 웃음의 반대말은 스트레스라고 했는데 웃음은 참으로 스트레스를 푸는 키워드라고 할 수 있다. 참으로 웃음은 관계의 증진이나 개선, 승리를 가져오는 지도자의 길로 인내하는 좋은 도구임에 틀림이 없다. Fun하게 하는 유머기법은 다음과 같다.

1) 상대의 허를 공격하라

   대부분 웃음은 말이나 행동을 통해 갑작스럽게 나오게 된다. 사람들은 판에 박힌 생각을 가지고 사는 경우가 많다. 그러나 그 판에 박힌 것과 같은 생각에 이상 행동이나 말이 나올 때 웃음이 터지고 만다. 그 웃음소리는 얼마나 더 웃기는 말이나 행동인가에 따라 그 세기는 비례하여 나온다. 상대방의 생각을 알아차리지 못하게 하여 상대방의 허점을 공격하면 웃음이 터질 수밖에 없는 상황이 될 수 있다.

2) 모든 상황을 비틀어야 한다

   '세상은 요지경 속'이라는 말이 있다. 유행가 가사로도 쓴 가수가 있다. 참으로 사람들이 살고 있는 이 세상은 요지경으로 보는 것과 같이 잘못되고 이치에 맞지 않는 경우가 많다. 그러한 상황을 비틀어 댈 때 큰 웃음을 유발하게 된다. 예수님 당시에 많은 비유를 들어 상황을 비트셨다. 그러한 상황은 웃음은 물론 좋은 교훈을 주기에 충분한 것이었다. 그러나 모든 상황을 비틀어 댈 때 선의의 피해자가 발생하지 않도록 해야 한다.

3) 남과 다른 말과 행동을 연구해야 한다

오늘날 TV에서 방영되는 개콘 등에 등장하는 사람들은 하나같이 남과 다른 말이나 행동으로 웃음을 나오게 한다. 웃기는 것이 직업이긴 하지만 일주일 만에 새로운 소재로 남을 웃긴다는 것은 어려운 일이라 생각된다. 아마도 수많은 웃음 아이디어 회의를 비롯한 연구는 웃음을 만들어 내는 수단이라고 할 수 있다. 웃음을 통하여 성공한 많은 사람들은 특이한 말과 행동을 연구하고 수많은 연습을 하여 성공적인 삶을 살았다고 볼 수 있다. 가끔은 망가지고 남에게 웃음과 건강을 주기 위하여 연구하고 이에 대한 노력이 요청된다.

4) 명언이나 속담, 고사성어 등을 사용해야 한다

인지도가 있는 사람의 명언, 또는 속담, 고사성어 등을 사용하여 허를 찌르는 웃음 유발 법이다. 명언이나 속담 등을 과대하게 혹은 축소하여 표현할 때 웃음을 유발할 수 있게 된다. 예로서 '나의 사전에는 불가능이란 없다' 나폴레옹의 말이다. 이것을 '나의 사전은 누군가 훔쳐갔다'라고 해서 웃음을 유발할 수 있을 것이다.

5) 비유를 들어야 한다

예수님께서는 수많은 비유를 들어 하나님의 말씀을 주시므로 우리들에게 유익한 교훈을 주셨다. 비유를 들어 말하고자 하

는 논지를 정확하게 표현할 때 부드럽게 그 내용들이 전해질
수 있다.

6) FUN한 말을 사용해야 한다

아무 때나 웃음이 터져 나오지 않는다. FUN한 말을 사용할
때 나온다. 유머로 웃음을 주고 행복을 주려면 FUN한 말을
해야 한다. 따뜻하고 격려해 주는 말 한마디는 상대방에게 감
동을 주고 웃음을 준다. 격려해 주는 말이나 유머는 즐거움을
주고 한 번도 들어보지 못한 독특한 유머는 큰 웃음을 자아내
줄 것이다. 그리고 남을 배려해주고 세워주는 말은 역시 진정
한 웃음의 도구라 할 수 있다.

라. 웃음치료 기법을 활용하라

웃을 일이 별로 없는 세상이라고 한다. 그러나 웃을 일이 없어서 못 웃
는다는 것은 핑계일 뿐이다. 재미난 일이 생겨서 웃는 것이 아니라 웃다
보면 재미날 일이 생기는 것이다. 웃음이 가진 위력은 사람의 마음에 긍
정적인 여유와 자신감을 심어준다. 자신의 삶을 긍정적으로 돌려놓기 위
해서는 웃음에 대한 노력이 필요하다. 누구나 웃을 수 있지만 줄곧 웃는
방법을 잊고 살아간다. 잘 웃는 것도 노력이 필요하다. 지금부터라도 새
롭게 자신만의 웃는 방법을 찾아보라. 먼저 웃을 때는 가슴을 펴고, 입
은 크게 벌린 상태에서 큰 소리로 손바닥까지 치면서 웃어야 합니다. 몸
동작이 과하다 싶을 정도로 해줘야 효과를 극대화할 수 있다. 억지로 웃
는 것도 건강에 도움이 된다. 웃음치료 기법은 건강 웃음법이다. 억지로
다양한 방법으로 웃음을 웃게 하여 뇌의 웃음보를 자극하여 건강을 증

진시키고, 자연적으로 치료하는 자연 치료기법이다.

인간은 웃음소리에 따라 좋아지는 부위가 있다. '하하하' 소리와 함께 웃으면 가슴(폐)에 좋다. '히히히' 소리를 내고 웃으면 머리에 좋다. 과거에 간신들이 '히'로 웃었다. 나쁜 짓을 도모하며 웃었던 것 같다. 그러나 '히'로 웃는 것은 머리 건강에는 좋다고 할 수 있다. '헤헤헤'라고 웃으면 목의 건강에 좋다. '후후후'로 웃으면 아랫배 건강에 좋다고 한다. 이와 같이 웃음은 우리 몸의 전신 건강에 좋다는 것을 알 수 있다.

웃음치료의 방법은 우리나라를 비롯한 많은 나라에서 여러 가지 형태로 실시되고 있다. 필자가 웃음치료 활동 중의 가장 많이 사용하고 있는 방법은 억지 웃음법이다. 그리고 파워 웃음법, 치료 레크레이션 등이다. 그 밖에도 요가, 택견, 음악, 미술 등을 이용한 웃음법 등을 들 수 있다.

2) 웃음치료의 실제

가. 억지웃음법[3]

1) 웃음 인사(나는 너를 사랑해)

나는(두 손을 펴고 가슴 쪽을 향하여 모은다) 너를(두 손을 편 상

---

3) 필자가 10여 년간 웃음치료사 활동을 하면서 가장 많이 활용하는 웃음법이다. 웃음치료 학교 대표는 조순배 목사(시흥 생명샘교회 담임목사), 필자는 교육부장으로 교육을 하고 자격증을 줄 수 있는 전권을 부여 받았다. 현재 다음 카페 "웃음치료아카데미" 카페지기이다. 억지웃음법 동영상을 올려놨는데, 웃음치료 교육을 받고 자격증을 취득한 자에게만 볼 수 있는 권한을 부여하고 있다. 단지 이곳에서는 그 프로그램을 소개하고자 한다.

태에서 상대편을 향하여) 사랑해(두 팔을 모아 위에서 아래로 둥그렇게 하며 하트모양으로)

나는 너를 사랑해(위와 같은 동작으로 2회), 나는 너를 사랑해(3회), 말도 못하게 사랑해(손을 아래로 내렸다가 머리 위로 올리며 하트모양을 한다), 옆 짝꿍을 보면서 "까~꿍", "나 이뻐(검지 손가락으로 볼을 가리키며)", "아이 러브 유(옆 사람의 옆구리를 찌르며)", 박장대소로 웃는다.

2) 웃음 근육 지압하기

사람의 몸에는 650개의 근육이 있다. 그 중에 웃을 때 231개의 근육이 움직인다. 얼굴에는 근육이 80개가 있는데, 화를 내거나 인상을 찌푸리면 80개 중에서 50개가 움직이며 나쁜 얼굴표정을 만들어 낸다. 반면에 웃을 때는 15개의 근육이 움직이며 아름다운 얼굴을 만든다. 그러므로 웃음 근육을 지압하여 건강하고 아름다운 얼굴을 만들기 위해 실시한다. 네 군데를 지압하면 15개의 웃음 근육을 눌러주는 효과가 있다.

첫째, 안륜근(눈 위아래 좌우 뼈 있는 곳)을 가운데 세 손가락으로 꼭꼭 눌러준다.

둘째, 광대뼈를 중심으로 뒤쪽이 대협골근인데, 그곳을 역시 세 손가락으로 꼭꼭 눌러준다.

셋째, 광대뼈를 중심으로 앞쪽이 소협골근인데, 그곳을 세 손가락으로 꼭꼭 눌러준다.

넷째, 보조개 근육을 눌러준다. 보조개를 중심으로 입 주위 전체

를 꼭꼭 눌러준다. 이때 입 안에서 나오는 침은 건강에 유
익하므로 삼킨다.

3) 어깨웃음
어깨와 목을 풀어주는 효과가 있다.
어깨를 귀 있는데 까지 올린다. 툭하고 자연스럽게 떨어뜨린
다(10회 정도).

4) 웃음의 효과
웃음의 효과는 위에서 다루었다. 사람들의 몸은 하루에 5,000∼
10,000개의 암세포가 생긴다고 한다. 우리의 몸 안에는 NK세
포(NK cell, Natural Killer cell)가 있어서 암세포를 잡아먹는다.
NK 세포를 도와주는 물질이 바로 사람들이 웃을 때 생기는
엔돌핀, 엔케팔린, 도파민 등 21가지 물질인 것이다. 그러므로
웃음은 암세포를 없애주는 효과가 있다는 것을 알 수 있다.

5) 웃음의 방법
웃음의 방법은 15초 동안 길게, 기왕 웃는 것 크게, 배꼽이 빠
지듯이, 허리가 끊어지듯이 웃을 때, 효과가 더 크다고 할 수
있다.

6) 웃음 퍼 올리기
우물에서 두레박으로 물을 퍼 올리듯이 웃음을 퍼 올려서 웃는다.
하: 양 손을 아래로 내려뜨리고, '하∼' 하면서 위로 점점 올리

며, 물을 퍼 올리듯이 양손을 위로 탁 터뜨리면서 '하'로
크게 웃는다(가슴이나 폐 건강에 도움을 준다).

헤: 양 손을 아래로 내려뜨리고, '헤～' 하면서 위로 점점 올리
며, 물을 퍼 올리듯이 양손을 위로 탁 터뜨리면서 '헤'로
크게 웃는다(목의 건강에 도움을 준다).

히: 양 손을 아래로 내려뜨리고, '히～' 하면서 위로 점점 올리
며, 물을 퍼 올리듯이 양손을 위로 탁 터뜨리면서 '히'로
크게 웃는다(머리 건강에 도움을 준다).

후: 양 손을 아래로 내려뜨리고, '후～' 하면서 위로 점점 올리
며, 물을 퍼 올리듯이 양손을 위로 탁 터뜨리면서 '후'로
크게 웃는다(아랫 배 건강에 도움을 준다).

7) 계단박수

사람의 몸에는 피로 물질이 쌓이는 곳이 있다. 겨드랑이 부근
과 허벅지이다.

그러므로 허벅지를 쳐 주면 인체의 쓰레기(피로물질)를 처리
할 수 있다.

먼저 어깨만큼 두 다리를 벌려 자세를 취하고 양손바닥으로
허벅지를 한번 치며 '하'를 외친 후 다음 동작으로 손뼉을 치
며 '하'를 외친다. 계속 2～7회 허벅지와 손뼉을 번갈아 친다.

8) 억지웃음

우리의 머리는 진짜 기뻐서 웃는 것인지 억지로 웃는 것인지
를 판단하지 않기 때문에 억지로라도 자주 웃으면 건강하다고

한다. 진짜 기뻐서 웃는 경우 건강에 100퍼센트 효과가 있다
면 억지로 웃는 경우도 90퍼센트 효과가 있다고 한다.

9) 건강박수

- 마주치기 박수(손뼉을 치듯이) : '하, 하, 하, 하'로 큰 웃음소
리를 내며 32회 박수를 친다(신경통에 도움을 준다).
- 손바닥 박수: 마주치기 박수와 같은 요령으로 손바닥으로만
친다(내장 건강에 도움을 준다).
- 손가락 박수: 위와 같은 요령으로 한다(기관지와 비염 건강
에 도움을 준다).
- 손목 박수: 위와 같은 요령으로 한다(생식기 건강에 도움을 준다).
- 주먹 박수: 위와 같은 요령으로 한다(머리와 어깨 건강에 도
움을 준다).
- 손끝 박수: 양 손의 손끝만으로 박수를 친다(머리 건강과 치
매예방에 도움을 준다).
- 손등 박수: 왼손 등을 오른쪽 손바닥으로 친 후 손을 바꿔서
친다(허리 디스크와 검버섯 예방, 피부미용에 도움을 준다).
- 엄지볼 박수: 엄지에 공같이 생긴 부분을 서로 친다(간장과
심장 건강에 도움을 준다)
- 칼날 박수: 양손 칼날을 친다(신장 건강에 도움을 준다).

10) 함박웃음

함박웃음은 얼굴표정을 좋게 하는 효과가 있다.

먼저 오른손 인지를 입 앞에 가로로 세워 손가락 한 개 만큼

입을 벌이고 '하, 하, 하, 하(16회 정도)' 하고, 인지와 중지 두 개 만큼 입을 벌리고, 같은 요령으로 웃는다. 다음으로 가운데 세 손가락을 가로로 세워 세 개만큼 입을 벌려 웃는다. 다음으로 주먹을 같은 요령으로 하여 웃는다.

11) 무릎반사웃음

양쪽 어깨만큼 다리를 벌리고 선다. 무릎을 스프링처럼 튕기면서 위아래로 오르락 내리락하며 '하, 하, 하, 하(32회 정도)' 로 웃는다. 매일 TV를 보면서 40분씩 하거나 웃음소리와 함께 20분간 하면 뱃살이 빠지는 효과가 있다고 한다.

12) 웃음의 반대말은

웃음치료에서 웃음의 반댓말은 '스트레스'라고 한다. 스트레스가 쌓이면 웃음이 나오지 않기 때문이다.

13) 사자웃음법

사자웃음법은 3단계가 있다.
1단계: 혀를 앞으로 쭉 내민다. 림프관이 열려 건강에 좋다.
2단계: 눈을 위로 치켜뜬다.
3단계: 사자가 갈기를 흔들 듯이 고개를 좌우로 흔든다.
이 세 가지를 '시~작' 구호와 함께 한꺼번에 실시한다.
대표로 앞에 나오게 하여 한 사람 시켜도 좋고, 옆에 있는 짝을 서로 보면서 실시한다.

14) 폭소웃음법

최불암 선생이 웃는 것처럼 '파~' 하고 웃는 것이다.

우리 몸에는 독소가 있다. 그러므로 우리 몸의 독소를 빼기

위한 웃음법이다.

먼저 두 손을 발목 근처에서부터 독을 끌어 올린다고 생각하여

끌어올린 독을 입안에 가득 넣은 다음 '파~' 하고 내뿜는다.

15) 거울웃음법

두 사람이 서로 마주보며 상대방이 다양한 웃음 표정을 그대

로 따라하며 웃는 것이다.

16) 웃음치료의 창시자

웃음으로 강직성척수염으로부터 해방된 '노먼 커즌즈'의 이

야기를 들려준다.

17) 목 앞뒤 박수

목 앞에서 박수를 친 후 고개를 앞으로 숙인 후 머리 뒤에서

박수를 친다. 큰 웃음소리와 함께 실시한다.

18) 9988234 웃음법

'99세까지 88하게 살다가 2틀 후 3일째 되는 날 4후 천국에

갑시다'라는 의미를 생각하며 실시한다. 두 손바닥으로 허벅

지 두 번치며 99, 손바닥 두 번치며 88, 두 팔로 날개짓하며

2 3 4라고 말한 후, 한 박자 쉰 다음 박장대소로 크게 웃는다.

19) 주간활용 웃음법

먼저 다음 구호를 따라하게 한다.

월요일은 원래부터 웃고,

화요일은 화끈하게 웃고,

수요일은 수수하게 웃고,

목요일은 목청껏 웃고,

금요일은 금방 웃고 또 웃고,

토요일은 토끼처럼 방방 뛰며 웃고,

일요일은 일삼아 웃자!

해병대 군인들이 위에서 아래로 박수를 치는 방법으로 박수치며, 하, 하, 하, 하 네 번 친 후, 월요일은 원래부터 웃고 구호와 함께 세 번 박수를 치고, 중간에 하, 하 한 다음 화요일로 넘어간다. 일요일까지 끝나면 박장대소로 다함께 크게 웃는다.

20) 손뼉치고

끝나가는 시점에 실시하기 좋은 방법이다.

손뼉치고 **손**뼉치고 **하** 하 **하**(굵은 글씨에서 박수를 치며)

손뼉치고 **손**뼉치고 **하** 하 **하**

아~ 좋아 좋아 좋아 좋아 하 하 하(춤을 추면서)

아~ 좋아 좋아 좋아 좋아 하 하 하(춤을 추면서) 마지막에 박장대소로 웃는다.

21) 웃음구호

먼저 '웃고 살면 인생 대박', '징징 짜면 인생쪽박' 구호를 알려준 후 따라하게 한다음 실시한다. '웃음구호 준비!' 하면 큰 소리로 주먹을 앞으로 향하여 기합을 넣으며 '하'를 외치도록 인도한다. 웃음구호를 실시한 후 '웃고 삽시다!'로 마무리한다.

22) 유머퀴즈

적절한 웃음 유머를 4~5 준비하여 맞추는 자에게 간단한 상이나 박수를 쳐준다.

23) 웃음명언

적절한 웃음명언으로 웃음을 실천하게 하고 웃음에 대한 긍정적인 면을 강조한다(예, 윌리엄 제임스는 '우리가 행복하기 때문에 웃는 것이 아니라 웃다보니 행복해졌다'는 말을 했습니다. 웃음으로 항상 행복한 사람이 되시기 바랍니다).

24) 웃음을 통해 밝은 미래를 맞이할 수 있도록 덕담을 해준다

25) 박장대소로 마침

나. 웃음체조기법[4]

1) 웃음인사

상대편과 오른손 왼손 번갈아가며 악수하면서 '안녕하세요?,

반갑습니다, 사랑합니다, 축복합니다.' 다음에는 하이파이브하
면서 똑같이 한다.

2) 아침엔 아침부터 하하하(뽀뽀뽀 노래에 맞추어 4박자)

　　　아침엔 아침부터 하하하

　　　점심땐 점점크게 하하하

　　　저녁에 저절로 하하하

　　　하루종일 웃어봐요 하하하

　　　하하하 호호호 헤헤헤 웃자

　　　하하하 호호호 헤헤헤 웃자

　　　박장대소로 마침

3) 박장대소 - 신경전달물질 활성화 웃음체조 적극적 동참필요

4) 얼굴 스트레칭 – 15개 근육, 손바닥 10번 친 후 손을 비비고,
자기의 눈에 갖다 댄다. 경치를 볼 수 있고, 사랑하는 사람 볼
수 있는 것에 감사하며 실시한다. 다시 한 번 10번 박수친 후
비비고 '사랑해'라는 말과 함께 자기 볼에 갖다 댄다. 다시 손
바닥을 비빈 후 옆 친구의 볼에 손바닥을 대며 '사랑해'라고
말한다(상황을 보면서 실시한다)…

5) 입을 쭉 내밀고 위 아래 좌 우로 스트레칭을 한다

6) 입꼬리 올리고 내리기 10초간 씩 실시한다

7) 아, 에, 이, 오, 우 발음 - 입 크게 벌리고, 배에 힘을 주면서 실시한다

8) 입술을 말아 빠, 삐, 뿌, 뻬, 뽀 발음을 위와 같은 요령으로 실시한다

9) 안구 운동 – 눈은 15세부터 노화가 시작된다. 몸과 고개는 그대로하고 오른쪽 인지 손가락으로 상, 하, 좌, 우를 가리킨다. 오른쪽 위 11시, 1시 방향을 찍는다. 그리고 손가락으로 동그라미를 그린다. 3박자 노래(과수원 길)에 맞추어서 실시한다.

10) 웃음 퍼 올리기 – 배에다 양손을 올리고, 앞뒤로 몸을 흔들며 하~ 하하하하(15초간 실시), '헤~ 헤헤헤헤, 히~ 히히히히, 호~ 호호호호, 후~ 후후후후' 같은 요령으로 실시한다.

11) 목 스트레칭 – 양 손가락을 깍지를 껴 후 양 손 엄지손가락만 세워서 목 아래에 대고 위로 8개 숫자를 세면서 천천히 올린다. 머리를 원위치하면서 강아지처럼 손을 앞으로 모으고 '헤헤헤헤헤'라고 말하며 긴장을 풀어 준다(2회 실시).
오른손으로 좌측 머리에 손을 대고 천천히 잡아당긴다. 원위치하면서 '헤헤헤헤헤'로 긴장을 풀어준다(2회 실시). 반대로 실시한다.

12) 팔운동(손 비틀기) – 팔을 좌우 일자로 뻗은 상태에서 오른손

196

은 손바닥이 앞으로 가게하고 왼손바닥은 뒤로 가게 한 다음 손바닥을 앞뒤로 바꾸면서 스트레칭한다. 16회 실시한다. 손을 바꿀 때마다 큰 웃음소리와 함께 실시한다.

13) 손가락 스트레칭 - 엄지는 엄지끼리 고리 걸어 힘을 준 후 '하나, 둘, 셋' 한 후에 손가락을 뺀다. 같은 요령으로 소지까지 실시한다(뇌기능 활성화 치매 예방)…

14) 손 튕기기 - 오른손 바닥으로 앞으로 내민 왼쪽 손바닥을 뒤로 젖힌 다음 '하나, 둘, 셋' 하며 손가락들을 튕긴다.

15) 손털기 - 양 손을 가슴 앞에서 털고털고 짝 짝, 머리 위에서 털고털고 짝 짝, 왼쪽에서 털고털고 짝 짝, 오른 쪽에서 털고 털고 짝 짝을 반복한다(산토끼를 부르며 실시한다).

16) 어깨 웃음과 어깨 흔들기 - 두 손을 깍지 낀 상태로 꺽어 위로 올린다. 좌로 차차차차, 우로 차차차차, 뒤로 차차차차, 앞으로 차차차차. 손 내리며 '헤헤헤헤헤'라고 웃음과 함께 긴장을 풀어준다.

17) 두 손을 깍지를 끼고 두 손을 꺽어 올리고 뒤에 벽이 있다고 생각하면서 쭉 밀면서 내린다

18) 전신 두들기기- 내가 나를 사랑해야 남을 사랑할 수 있다. 팔,

머리, 몸통, 다리를 사랑하며 두들긴다(수고한다 내 팔아! 고맙다 내 머리야! 등).

19) 뇌체조 – 오른손 엄지를 오른쪽에 펴 세우고 오른쪽으로 크게 원을 세바퀴 그린다. 머리는 움직이지 말고 눈은 엄지를 바라본다. 왼손도 같은 요령으로 한다. 좌우에 엄지손가락을 세운 후 오른손은 오른쪽으로, 왼손은 왼쪽으로 교차하여 돌린다. 두 눈은 좌우 엄지손가락을 바라본다. 두 엄지손가락을 붙여 좌우로 돌린다. 눈은 두 엄지손가락을 본다.

20) 망치 웃음
(오른손에 망치 하나를 들고 망치질을 하듯이 모션을 취하며)
망치 하나들고 하하 하하하 하하 하하하
(양 손에 망치 하나씩을 들고 망치질을 하듯이 모션을 취하며)
망치 두 개 들고 하하 하하하 하하 하하하
(양 손에 망치 하나씩을 들고, 오른 발과 함께 망치질을 하듯이 모션을 취하며) 망치 세 개 들고 하하 하하하 하하 하하하
(양 손에 망치 하나씩를 들고, 양발로 제자리 뛰며 망치질을 하듯이 모션을 취하며) 망치 네 개 들고 하하 하하하 하하 하하하
(양 손에 양 발과 머리로 망치질을 하듯이 모션을 취하며)
망치 다섯 개 들고 하하 하하하 하하 하하하

21) 웃음송

(박수치고 노래하며)

꼬인 일도 웃다보면 답이 보이고, 없던 복도 웃다보면 굴러
온다네

돈 없어도 웃다보면 부자가 되고, 뚱뚱해도 웃다보면 날씬해지네

즐겁다고 생각하면 즐거운 인생, 웃다보니 행복하네 일단 한
번 웃어봐

하하하하 하품해도 웃고, 헤헤헤헤 헤어져도 웃고

호호호호 호탕하게 웃고, 후후후후 후련하게 웃자

22) 지그재그박수

(4단계)

1단계: 머리 좌 우쪽으로 한 번씩 박수를 치며 하, 하, 하. 하
(16회)

2단계: 박수를 치며, 발을 구르며, 신나게 웃는다.

3단계: 지그재그, 1단계와 같은 요령으로 하되, 아랫 쪽 무릎
좌우로 박수치는 것을 추가한다.

4단계: 옆에 있는 짝과 함께 두 손을 올려 서로의 짝의 손을
치며 신나게 웃는다.

2회 반복한다.

다. 자연치료[5]

> 멘트 : 웃음이 여러분의 행복을 바꿀 수 있다면 어떻게 할 수 있습니까? 날마다 웃으시겠죠? 실제로 성공적인 사람 80%가 좋은 인간관계를 통해서 결정되는 데요, 좋은 인간관계의 키 포인트는 바로 밝은 얼굴 표정이라고 합니다. 이렇게 웃음은 성공의 지름길이고 행복의 원천 이며 넘치는 에너지인 것입니다. 그런데 요즘 많은 사람들은 이 만병의 근원인 스트레스로 인해서 고통 받고 있는 것이 사실입니다. 그러나 그 스트레스를 날려 보낼 수 있는 묘약이 있는데요. 그것이 바로 웃음입니다.

웃음은 우리 몸의 백혈구를 도와 암세포를 없애주는 효과가 있다. 웃음의 방법은 15초 동안 길게, 기왕에 웃는 것 크게, 배꼽이 빠지듯이, 허리가 끊어지듯이 웃을 때 효과가 크다. 이와 같은 요령으로 크게 한 번 웃을 때 우리 몸에는 스트레스 호르몬은 감소하고 우리 몸에 좋은 엔돌핀, 엔케팔린, 도파민, 멜라토닌 등의 행복한 호르몬들이 다량 분비가 되어서 우리 몸의 상태가 호전되고 소화기, 혈액 순환기 등이 좋아진다는 의학계의 보고가 있음을 알 수 있다. 사실 웃음을 통한 건강, 웃음을 통한 치유, 웃음을 통한 긍정적인 마음, 웃음을 통한 기쁜 삶은 우리나라에도 확산된 웃음의 효과라고 할 수 있다. 웃음은 하나님께서 인간에게만 주신 선물이라는 말에 공감한다.

1) 마음 웃기(나를 향한 사랑지수체크)
조용히 눈 감고, 가슴에 손, 음악을 들으시면서 자기 자신에 대해

---

5) 억지웃음법과 같이 다음 카페 '웃음치료아카데미'에 있는 내용을 소개한 것이다.

서 한번 돌아보는 그런 시간입니다. 자기 자신에 대한 존귀함을 깨닫고 천하보다 귀하고 값진 자신을 끌어안고 행복한 미소를 지어보시는 것입니다. 따라해 봅니다. 나는 존귀한 사람입니다. 나는 천하보다 귀한 사람입니다. 나는 사랑받기 위해 태어난 사람입니다. 이 세상에서 가장 소중한 나를 사랑합니다. 자기의 이름을 부르면서 한번 사랑을 고백해 보시기 바랍니다. ○○야 사랑한다. 그리고는 나 자신의 모든 부분에 있어서 감사한 부분을 우리 지금부터 10가지 이상 한번 자기 자신을 향해서 고백하는 시간을 갖도록 하겠습니다. 지금 까지 건강한 몸을 주셔서 감사합니다. 두 다리를 주셔서 감사합니다. 우리가 진정한 웃음을 끌어내기 위해서는 나 자신을 먼저 사랑할 줄 알아야 남에게 사랑을 줄 수 있기 때문에 또한 남에게 웃음을 주어야 하기 때문에 이러한 순서를 먼저 갖게 되었습니다.

지금 이 시간은 우리가 끌어올린 그 행복한 미소를 옆 사람에게 날려보도록 하겠습니다.

자 우리가 손을 한번 올려보겠습니다. 손을 흔들며 내리면서 헤헤헤헤헤헤헤(3회), 내려오다가 중간에 흔들며 옆 사람을 마주 보면서 행복을 날려보겠습니다. 헤헤헤헤헤헤헤헤.

2) 우리 모두 다 같이

(박자에 맞춰 박수를 치며)

1절 우리 모두 다 같이 손뼉을(짝짝짝) 우리 모두 다 같이 손뼉을(짝짝짝)

우리 모두 다 같이 즐거웁게 노래해(고양이 발로 좌 우로 쥐었다 폈다 하면서)

우리 모두 다 같이 손뼉을(짝짝짝)

(1절과 같은 요령으로 2∼5절을 실시한다)

2절 우리 모두 다 같이 기쁘게(하하)

3절 우리 모두 다 같이 인사를(안녕하세요)

4절 우리 모두 다 같이 함성을(야)

5절 우리 모두 다 같이 차례로(짝짝짝, 하하, 안녕하세요, 야)

3) 우리는 하나

신문지 한 장의 사랑: 신문이 반으로 접어들면서 희생과 섬기는 사랑을 만들어가고 채워주고 확인하는 시간입니다. 둘이서 마주보시고 만나서 반갑습니다. 서로 나는 ○○입니다(본인 소개). 잘해봅시다. 반갑습니다. 사랑합니다. 지금부터 코끼리 코 5번 한 후 신문지 위에 올라갑니다. 우리는 잘할 수 있습니다. 파이팅 아자아자아자! 5번을 센다. 너 없이는 할 수 없다. 잘할 수 있어 아자아자아자! 5번을 센다. 서로 살기 위해서는 도와야 합니다. 파이팅 외치며 올라간다. 희생해서라도 살아야 합니다. 우리는 할 수 있어 아자아자아자! 업어서 성공… ㅎ ㅎ ㅎ

4) 굴러라 굴러라 굴러라 굴러라 굴러라 굴러라 아하하하하하하하 짝 짓기(사회자가 '○명!' 하고 외치면 그 숫자만큼 짝을 짖는 팀이 이기는 게임)

제일 잘 웃는 사람 둘을 선정하여 자기 팀을 웃기는 대결을 한다. 가장 웃지 못할만한 사람 둘을 뽑아 웃음을 유발하는 대결을 한다. 굴러라 대신 '춤춰라'로 바꿔서 실시한다.

202

5) 15초 동안 웃다가 15초가 되었다고 생각하는 사람은 그만을 외친다. 당첨되면 선물.

6) 강아지 웃음

두 손을 들어 목 바로 아래 모으고 흔들며 강아지처럼 웃는다.

머리 위 끝까지 올리며 동일하게 웃는다.

다시 내려와 좌우로 동일하게 웃는다.

옆에 있는 짝에게 강아지 웃음을 날린다.

박장대소로 마친다.

7) 에그쉐이크 단체웃음

동그랗게 원을 만들어 도구(에그쉐이크)를 흔들며 웃는다.

나의 동작을 통해 감정을 표현한다.

한 사람 한 사람씩 나와 음악(궁따리사바라)에 맞춰 표현한다.

대표가 되는 사람을 가운데로 나오게 하여 그 사람이 하는 것을 똑같이 따라한다.

일정한 시간이 지나면 대표가 지정하는 사람이 나와서 대표 역할을 바꾸어 가며 진행한다.

라. 웃음스트레칭

1) 입 주변 두드리기[6]

"얼굴의 긴장을 풀고 '아~' 발음상태의 표정을 짓는다.

---

6) 박용빈, 「웃음 치료완전정복: 신나는 웃음치유길라잡이」(서울: 21세기사, 2007), p. 113.

다섯 손가락 끝으로 가볍게 입 주변을 15회 정도 두드린다.
같은 방법으로 '아, 에, 이, 오, 우' 순으로 입 주변을 골고루
마사지해준다."

2) 입 상하좌우 움직이기[7]
"입술을 오무려 앞으로 쭉 내밀고, 상하좌우로 움직인다.
5~6회 반복한다.
이때 턱을 움직이지 않도록 손으로 고정해 주는 것이 포인트."

3) 볼 풍선 만들기[8]
"귀에서 '싸~' 하는 소리가 들릴 때까지 볼 풍선을 만든 뒤
15초간 숨을 멈춘다.
15초가 지나면 가볍게 손으로 입 주변을 두드리며 볼 풍선을
터뜨린다.
3~5회 반복한다."

마. <u>웃음치료 프로그램</u>

1) 모기웃음[9]
"크게 웃는다.
한 마리의 모기 날아다닌다고 생각하고 모기를 잡는다. 모기

---

7) Ibid., p. 113.
8) Ibid.
9) Ibid., pp. 187, 188.

를 잡기 위해서 손뼉으로 모기를 잡는다. 한 마리하고 외치면 짝~악 하면서 한 마리하며 크게 외친다.

이번에는 모기 두 마리이다.

두 마리 하면 짝! 짝! 손뼉을 두 번 친다. 이때 얼굴 표정이 중요하다.

이와 같이 5~10마리 모기잡이 웃음을 실시한다.

모기를 잡을 때 짝하는 손뼉 소리를 맞추어 배로 '하, 하'와 같이 외쳐보자.

손뼉을 치고 배도 웃기도하고 1석 2조 웃음 운동법이다."

2) 거울 웃음[10]

"손바닥을 거울이라고 생각하고 손바닥을 보며 표정을 지으며 '나는 행복해', '나는 즐겁다', '나는 나를 사랑해.' 하며 웃는다. 거울이 앞에 있지 않더라도 언제 어디서나 혼자서 손을 보며 아름답게 미소를 지으며 '하하하' 하고 멋지게 웃는다. 옆의 짝꿍과 함께 거울이 되어 웃는다. 한사람은 거울이고 한 사람은 웃는다. 거울은 상대가 웃는 표정과 행동, 웃음을 그대로 따라 한다."

3) 펭귄 웃음

"양손을 엉덩이 골반에 손바닥을 펴서 붙이고 엄마 펭귄을 서로 따라다니며 신나게 웃는다. 이때 입 모양을 오므리고 발동

---

10) b~f, 박영신·지영환, 「경찰직무스트레스」(서울: 학지사, 2012), p. 212.

작은 보폭을 짧게 움직이며 재미있게 진행하고 아빠 펭귄, 아기 펭귄 순으로 서로 따라다니며 신나게 웃어 본다.”

4) 핸드폰웃음
“힘들고 지쳐 있을 때 또는 통증이 있을 때 핸드폰을 들고 누구하고 통화하는 척하며 신나게 웃는다.”

5) 칭찬 웃음
“서로 가위 바위 보를 하여 진 사람이 이긴 사람을 칭찬하도록 하고 이때 이긴 사람은 답례로 크게 웃어 준다.”

6) 거울 웃음
“양손을 가슴 앞에서 거울처럼 펼쳐 놓고 거울을 보며 ‘거울아! 거울아! 이 세상에서 누가 제일 예쁘니?’라고 물어본 다음 ‘나’라고 대답한 후 크게 ‘하하하’ 웃은 다음 또 ‘거울아! 거울아! 이 세상에서 누가제일 예쁘니?’라고 물어본 다음 ‘또 나’라고 대답하고 크게 웃은 다음 ‘거울아! 거울아! 이 세상에서 누가 제일 예쁘니?’라고 물어본 다음 ‘역시 나’라고 대답하고 더 크게 웃어 본다.

바. 웃음치료와 함께하는 치료레크리에이션[11)

현대사회에서의 삶은 개인적 특성에 따르는 변수 이외에도 기계문명의
발달로 인한 자동화 및 획일화, 무분별한 서구문화의 수용 그리고 정치
경제적인 급격한 사회적 변동과 구조적 모순으로 인한 인간성을 상실시
키고 있다. 이것은 인간의 잠재적인 능력 개발을 저해하여 정신적 압박
과 과도한 스트레스를 경험하게 된다. 이러한 환경 속에는 불행하게도
사회적 기능을 적절히 수행하지 못하며, 사회적으로 소외되어있는 많은
사람들이 있다. 이러한 사람들은 자기 발견, 자긍심, 혹은 타인과 더불
어 이익이나 경험들을 공유하는 기쁨의 문을 여는 열쇠가 없다. 이러한
부류에는 육체나 정신을 무기력하게 하는 질병이나 무능력, 가난, 노쇠,
사회적으로 비정상적인 행동, 무지함 등과 같은 형태에 의해서 영향을
받고 있는 사람들을 포함한다. 여가나 레크리에이션 활동은 모든 사람들
을 성장 발전시킨다는 가치를 지니고 있다고 볼 때, 이러한 부류의 사람
들에게 그 가치나 중요성은 크다.

우리가 살고 있는 사회의 문제는 다양하다. 사회적 문제가 있는
자들은 전인적인 고통을 받는다. 이러한 자들에게 필요한 것 중의
하나가 웃음치료활동과 함께하는 치료레크리에이션이라고 할 수 있
다. 사회적 문제를 가지고 있는 자들에게 치료레크리에이션의 활동
을 통해 사회적 문제를 해소해 그들이 받는 고통을 풀어주고 웃을
수 있도록 해야 할 것이다.

---

11) 조순배 편저, 「웃음치료 이론과 실제」(시흥: 도서출판 생명샘, 2006), pp. 166-171. "국제레크
레이션협회 강사 : 이민철."

1) 치료레크리에이션의 정의

학문적 정의 : 치료레크리에이션(TR; Therapeutic Recreation)이란 신체적, 정서적, 사회적 행동을 바람직하게 변화시키고 개인의 성장과 발전을 증진하기 위하여 레크리에이션 서비스를 활용하는 의도적인 개입과정이다. 여기서 중요한 핵심은 레크리에이션을 바람직한 행동변화와 개인적 성장발전을 위해 사용한다는 사실이다.

일반적 정의 : 레크리에이션이란 '본인이 자발적으로 원해서 즐기는 모든 활동'이고, 치료는 의학에서 말하는 '병을 다스려 낫게 하는 것'과는 달리 '부족한 기능을 회복시키는 것'이라고 할 때 TR은 레크리에이션을 통해서 부족한 신체적, 정신적, 정서적, 사회적 기능을 회복시켜주는 것을 말한다.

치료레크리에이션의 정의의 중요점은 "신체적, 정서적, 사회적 행동을 바람직하게 변화시키고 개인의 성장과 발전을 증진하기 위하여 레크리에이션 서비스를 활용하는 의도적인 개입과정이다."라고 할 수 있다. 이것은 웃음치료 활동의 정의와 비슷한점을 내포하고 있음을 알 수 있다. 그러므로 웃음치료 활동과 치료 레크리에이션 활동을 병행하면 시너지 효과를 기대해 볼 수 있다.

2) 치료레크리에이션의 목적

여가생활스타일(여가꼴: Liesure life style)의 개발과 유지, 표현. 신체적, 정신적, 사회적 또는 정서적 한계를 가지고 있는 일반적인 사람들이나 장애를 가진 사람들의 자아실현(자기개발과 자기표현)을 위한 적당한 여가생활스타일(여가꼴: Liesure life style)의 개발과 유지, 표현을 쉽게 할 수 있도록 여가 능력을 구축하는 것이다.

여가생활스타일(여가꼴: Liesure life style)이란? 개인의 매일 생활의 한 부분을 차지하는 일상적인 것. 한 개인의 여가생활스타일은 바른 부분들(일, 학교, 종교, 가족, 친구들 등등)과 맞물려서 움직이게 되어 있다. 그러므로 개인의 여가생활스타일은 총체적이며 누적적인 생활 경험들에 의해 영향을 받는다. 삶의 질을 높이기 위해 다양한 여가 경험 및 레크리에이션 활동에 참여하게 한다.

각기 다른 사람들에게 행복한 삶을 살기 위해 행해지는 서비스는 너무나 다양할 수밖에 없다. 그러므로 TR(치료레크리에이션)의 개입으로 적절한 여가생활스타일을 제공한다는 것도 어려운 일이라고 할 수 있다. 적절한 여가생활스타일을 제공하기 위해서는 총체적인 파악의 필요성을 가진다.

사람들은 누구나 행복하게 살 권리를 가지고 있다. 이것은 환우들에게도 동일한 것이다. TR의 개입으로 자신의 모든 상태를 더 잘 수용할 수 있도록 한다.

이러한 서비스를 통하여 자존감과 함께 감사함을 느낄 수 있도록 인도한다.

부정적인 삶에서 적극적이고 이상적인 삶으로 인도할 수 있다.

TR 서비스를 통해 개선된 마음은 지금까지 받았던 스트레스를 청산하고 현재와 미래에 더 나은 삶을 살 수 있도록 한다.

3) 치료레크리에이션의 대상

신체적, 정신적, 사회적 또는 정서적 한계를 가지고 있는 사람들 신체적,

정신적, 사회적, 정서적 면에서 여가기능에 제한을 갖고 있는 사람은 치료레크리에이션 서비스로부터 적합하고 잠재적인 효과를 얻을 수 있다. 그러나 우리 사회에서는 아직까지 여가의 기능이 치료, 개발, 회복에 영향을 주는 것으로 인식되어 있지 않다. 한계성을 안고 있는 대상은 적당한 서비스를 받아야 한다는 것이다. 정신지체아, 정신적, 정서적 장애인, 신체적, 감각적 손상과 급성 그리고 만성적 질병과, 약물 남용자들은 치료레크리에이션 서비스를 제공하는 시스템에서 일반적인 치료레크리에이션의 대상이다. 또한 구속되어 있거나 다양한 재활센터에 있는 범죄자 역시 치료레크리에이션 서비스를 받아야 할 사람들이다. 현대에는 의학적, 정신과적 상처를 가지고 있는 사람들이 치료레크리에이션에 포함되는 기본적 클라이언트들이다.

위에서 말한 바와 같이 치료레크리에이션의 대상은 비교적 경미한 사람을 대상으로 하는 일반적인 대상자와 심각한 문제를 가지고 있는 특수적인 대상자로 구분할 수 있다. 일반적인 대상자들은 서비스의 강도가 비교적 낮아도 치료의 효과를 가져올 수 있다. 그러나 특수적인 대상자들은 강도를 높여도 치료의 효과가 낮을 수 있다. 그러므로 특수적인 대상자들에 대한 더 높은 수준의 서비스 프로그램을 사용하고 개발해 나아가야 할 것이다.

4) 치료레크리에이션의 활동의 영역
전문가는 다양한 레크리에이션 활동의 프로그램을 계획하기 전에 대상에게 적용이 가능하고 적합한 여러 종류의 활동에 대한 지식을 가지고 있어야만 한다. 활동의 범위는 인간의 존재만큼이나 다양하다. 특수 인구집단의 신체적, 정신적, 정서적, 사회적, 인지적인 욕구를 충족시킬 수 있는 활동의 형태는 제한적이다. 그래서 전문가는 끊임없이 활동들을 대상에게 수정하고 새로운 활동들을 고안하고 있다. 활동은 형태, 계절, 나이, 성별, 수행공간, 시간, 장소, 비용 그리고 조직의 방법에 의해서 다양하게 분류할 수 있다.

지구상의 인구는 많다. 그러므로 치료레크리에이션의 활동의 영역은 다양할 수밖에 없다. 특수 인구집단의 신체적, 정신적, 정서적 등의 문제를 가진 자들에 대한 치료레크리에이션 서비스에 대한 지속적인 연구가 필요하다.

다음의 분류는 특수 인구집단을 위한 중요한 활동영역의 분류 중 하나이다.

(a) 미술과 공예(Art & Craft)

(b) 춤(Dance)

(c) 오락물(Entertainment)

(d) 취미활동(Hobbies, Special Interests)

(e) 문학활동(Literary Activities)

(f) 음악(Music)

(g) 자연과 실외 레크리에이션 활동(Nature & Outdoor Recreation Activities)

(h) 옥외활동(Outing Activities)

(i) 신체적 활동(Physical Activities)

(j) 사회적 활동(Social Activities)

(k) 특별한 이벤트(Special Event)

(l) 자원 봉사나 지역 사회 서비스 프로젝트(Voluntary Service or

Community Service Projects)

웃음치료 프로그램을 나가면서 많은 어르신들을 만나게 된다. 그들 중에는 미술을 좋아하여 그림에 색칠을 하는 분도 있고, 춤을 잘 추는 분도 있고, 게임을 좋아하는 분들도 있다. 또한 옥외 활동을 좋아하는 등 다양하다. 이와 같이 서로 다른 활동을 하고자 하는 분들에게 효과적인 프로그램을 서비스하기 위한 연구가 요청된다.

5) 치료 레크리에이션은 전문 서비스이다.

TR은 개인의 성장과 발전의 도모를 위해 신체적, 정신적, 사회적 행위의 변화와 그 안에서의 특수한 목적을 성취하기 위해 레크리에이션의 활동이나 경험을 체계적이고 전문적으로 적용하는 과정이기에 전문적인 서비스이다(Ander & Robb).

TR은 각자의 여가 생활 스타일의 창조, 보존, 나타냄을 견지하는 것은 인간의 욕망을 말하므로 전문 서비스라 할 수 있다.

그러므로 TR 서비스는 TR에 대한 탁월한 권능과 자질을 가져야 한다.

6) 치료 레크리에이션의 프로그램 실제[12]

가) 칭찬하기

"칭찬은 가장 빠르게 자신감과 행복감을 갖게 하고 자석처럼 서로 끌어 당겨 하나가 되게 할 뿐 아니라 불가능도 가능하게 만드는

---

12) 조순배 편저, 「웃음치료 이론과 실제」(시흥: 도서출판 생명샘, 2006), pp. 284-286. "한국 웃음치료학교 강사 : 이계화."

위대한 힘이 있다. 칭찬과 비난은 상반된 위치에 있어 칭찬의 무게가 커지면 비난의 무게는 자연히 줄어든다.

준비물: 볼펜. 칭찬 과일바구니가 그려진 종이

방법: 노래: 당신은 누구십니까? 노래를 불러 다른 사람들의 이름을 익힌다. 과일 속에 상대방의 구체적인 칭찬을 적는다. ex) 화장을 아주 잘 했습니다. 몸매가 쭉쭉 빵빵이군요, 눈이 아주 매력적이군요, 패션이 멋지네요. 등등 여러 사람을 불러내어 읽어 보게 한다.

포인트 ⇒ 자기의 칭찬 글을 읽은 후 자존감이 마구 올라간다.

칭찬구호 ⇒ 칭찬은 마음의 비타민이다. 칭찬은 마음의 에너지다. 칭찬은 아무리 해도 돈이 들지 않는다. 칭찬은 최고의 선물이다."

나) 보자기 잡기

"준비물: 보자기

방법: 두 사람에 보자기 하나씩 주고 두 사람 사이에 놓은 상태에서 4박자 노래와 박수를 치며 부르다가 사회자가 집어라고 외칠 때 먼저 잡은 사람이 이기고 못 잡은 사람 벌칙을 줄 수 있다."

다) 대한민국 해우소

"준비물: 없음

방법: 두 사람씩 나와서 서로 목소리를 크게 하여 화풀이하기(마음에 쌓아둔 하지 못한 이야기). 정해 드리는 분은 자리에서 일어서서(모두서 있는 경우 : 한걸음 앞으로 나와) 자신의 이야기를 의미 있게 말씀해 주기 바랍니다(2분~5분). 소리를 질러도 무방하다. 6 사람 정도. 혼자하게 되면 어색해하기 때문에 제대로 하지 못함."

라) 신문마구 찢기

"준비물: 잡지 또는 신문지, 상자

방법: ⅰ) 내면의 쌓인 스트레스를 신문 또는 잡지에다가 마구 찢으며 나에게 힘들게 하였던 모든 것을 생각하며 찢는다. 찢으면서 소리를 지른다. 나를 힘들게 하였던 모든 것(육체의 고통, 미움, 분노. 등등).

ⅱ) 찢었던 종이를 똘똘 뭉친다. 준비해둔 상자에 힘껏 던지며 소리를 지른다. 나를 이제까지 괴롭혔던 모든 것 '고통, 환난, 좌절, 실패, 적대감, 분노, 노여움, 불만, 가난, 미움, 화, 나로 하여금 힘들게 하는 그 모든 것' 등등은 가라! 가라! 가서 다시는 내게 오지말구 그곳에서 잘 살아라. 이 짜식들아. 하고 마음껏 외친다.

ⅲ) 호탕하게 웃는다(장군 웃음으로). 모든 어려움들을 이겨낸 장군처럼 적을 물리쳐 아주 기쁜 마음으로 크게 웃는다. 우 하하하 아 하하하하.

포인트 ⇒ 마음의 스트레스를(응어리) 풀고 전쟁에서 승리한 느낌을 준다."

마) 사랑의 웃음 총 쏘기

"준비물: 바보 안경, 멋진 총, 엉덩이 바지, 가발

방법: 여러 사람들 앞에 두 사람을 세운다.

웃음 도구를 이용하며 코끼리 코를 하고 엎드려 5회~10회(건강상태를 고려하여) 다르게, 엎드려 큰소리로 수를 세며 돌게 한 다음 비틀비틀한 상태에서 군중에게 가서 사랑해 하며 5명에게 총을 쏜다. 총 맞은 사람은 사랑의 총을 맞았기에 너무 좋아서 박장대소로 웃는다.

포인트 ⇒ 관계 형성에 많은 도움이 되며 비틀거리는 모습으로도 다른 사람들에게 웃음을 유발할 수 있다.

바) 심벌즈 웃음

"준비물: 보자기

방법: 처음에는 앉아있는 상태에서 서로를(짝을 보며) 코도 비벼보세요. 이마도 비벼보세요. 볼도 비벼보세요. 두 사람이 보자기를 얼굴에 대고 비빈다.

포인트 ⇒ 상대방의 모습으로 웃음을 유발한다."

사) 소나기 웃음

"준비물: 보자기 여러 가지 색상(사람 수만큼)

방법: 색상별로 나누어 준 후 사회자가 색상을 지정하면 지정한 색상을 가진 사람은 나와서 위로 던진 후 떨어지는 모습을 그대로 박수치며 웃으면서 흉내를 낸다. 몸도 마음대로 분출하여 표현하기.

포인트 ⇒ 보자기의 떨어지는 모습 웃음을 유발."

아) 화살 웃음

"준비물: 보자기 여러 가지 색상(사람 수만큼)

방법: 가지고 있는 보자기 중에 사회자가 색상을 지정하면 지정한 색상을 가진 사람은 나와서 사람들 앞을 지나가며 화살을 쏘듯이 보자기를 튕긴다. 화살을 맞은 사람은 마구 박장대소한다.

이상에서 살펴본 바와 같이 치료레크리에이션은 웃음치료와 함께 신체적, 정신적, 사회적 또는 정서적 한계를 극복하고 행복한 신앙과 행복한 삶으로 인도하는 좋은 도구라 할 수 있다.

7) 웃음치료를 돕는 칭찬의 비법

「칭찬은 고래도 춤춘다」는 책을 읽은 적이 있다. 말을 잘 듣지 않는 돌고래를 칭찬하기 시작했더니 말을 잘 듣고 춤도 추었다는 것이다. 칭찬의 비법을 소개하는 책을 살펴보았다.

장로인 친구가 다니는 교회에 교역자가 새로 부임해 왔다고 했다. 여러 가지 가치관이나 성격이 맞지 않아 내면으로 불편한 점이 많았다고 한다. 이대로 그냥 지내다가는 감정의 골이 생길 것 같아 한 가지 방법을 쓰기로 했다. 그것은 만나는 교인들에게 기회가 생길 때마다 교역자를 칭찬하는 일이었다. 그 교역자의 한 가지 장점을 찾아내 집중적으로 칭찬을 했다. '목사님은 설교를 참 잘하네요. 내 마음에 감동을 주는 설교예요. 이렇게 강해 설교를 잘하는 분은 많지 않지요.' 몇 달 후부터 친구장로와 교역자와는 점점 깊은 신뢰 관계가 생기기 시작했다. 그래서 지금은 교회의 많은 문제들에 대해 서로 허심탄회하게 의논하는 사이가 되었다고 한다. 상대방에게 직접 칭찬을 하는 것보다 제3자에게 상대에 대한 칭찬을 하게 되면 훨씬 더 좋은 결과를 이루어낼 수 있다. 상대는 자신에게 호감을 갖게 되며, 자신을 좋아하게 만들고, 서로 다 같이 행복해지는 비결이다. 그래서 칭찬의 차원적인 방법은 상대 없을 때 제3자를 통해 하는 칭찬이다. 칭찬을 할 때는 마음속에서 긍정과 희망과 기쁨의 마음이 올라오게 되어 있다. 그래서 칭찬을 마음의 웃음, 내면의 웃음이라고 한다.[13]"

이처럼 칭찬은 웃음을 가져오고 서로에게 관계를 좋게 하는 비법이라고 할 수 있다.

세계적인 리더십 전문가 워렌 베니스는 '훌륭한 리더가 할 수 있는 최고의 일은 구성원 스스로가 위대함에 눈 뜨게 하는 것이고 그것을 발굴하는 최고의 도구가 바로 배려와 칭찬'이라고 했다.[14]

어릴 때부터 부끄러움을 타는 많은 사람들이 있다. 필자도 그런 적이 있다. 외성적인 성격이 부러울 정도였다. 남의 집의 밥도 못 먹을 정도였다. 좋아하는 김치도 다른 집의 것이면 먹지 않았다. 그러나 군대를 가면 입맛도 바뀐다고 하더니 그 말이 사실이었다. 대게 훈련은 시골 쪽으로 나가게 되는 데, 시골에서 라면에 김치 맛은 꿀맛과도 같았다. 한편, 부끄러움을 타는 성격은 남과 잘 어울리지 못하고 외로운 삶을 살 수밖에 없다. 그러한 사람들은 어떠한 계기가 되면 바뀌기도 한다. '내가 이렇게 살 수만은 없다. 나도 변화가 필요하다.'라는 생각을 한다. 그러한 자들은 혼자서 연습을 하기로 다짐한다. 남을 만날 때에 적극적인 자세를 가지고 웃으며 인사를 나눈다. 남의 장점을 말해준다. 유머를 구사한다. 그에 대한 보답은 칭찬이라고 할 수 있다.

이와 같이 칭찬은 웃음을 유발하여 자신의 성격을 바꾸고 성공적인 인생을 살 수 있고 훌륭한 리더가 되는 도구라 할 수 있다.

---

13) 오혜열, 「웃음희망 행복나눔」(서울: 도서출판 멘토, 2011), pp. 69, 70.
14) 최규상, 「유머손자병법」(서울: 도서출판 작은씨앗, 2015), pp. 58, 59.

8) 웃음치료 강의안 예시

〈표 2〉 웃음치료프로그램[15] (1)

구 분	준비물	내용
준비	도 구	웃음치료 도구, 자석배열
엔돌핀 누기	음악	진행자 덕담인사, 박장대소 나 이뻐, 얼굴 웃음인사 가위바위보 전체 칭찬하기 5-10명씩 무아지경 천진난만, 전체 웃음인사 나누기 5-10명씩 노래하며 안마하기 노래하며 손뼉치기123, 노래하며 반대동작 가라사대, 미꾸라지 잡기, 상하좌우손뼉치기
스트레칭	음악	얼굴근육풀기, 엔케팔린, 스트레칭 10종
메시지	프로젝트	웃음의 효과, 임상결과, 뇌와 면역
엔케팔린 나누기	기타 노래방	웃기: 박장대소, 홍소, 폭소, 로또, 월드컵축구, 최고소원성취 웃음노래: 앞으로, 서울구경, 웃어요, 하하하송, 얼굴찌푸리기 전체 자유롭게 한가지씩 퀴즈, 유머, 게임, 코메디등 보여주기
메세지		감사, 긍정훈련과 성공사고
팀빌딩 네트워킹		동물농장 세계의 여행 이웃을 사랑하세요 짜릿짜릿짜르르 참 만나서 반가워요, 댄스하며 친구 만나기 칭찬 친구 만들기, 세계로 출발 축복 안아주고 악수
약속다짐	필기도구	자존감 높이기: 나는 누구인가 30가지, 열등감 삭제하기 칭찬하기 감탄사: 사랑해요, 고마워요, 오! 예! 짱! 10가지 10년후 자화상 그리기
메시지		웃음은 만병통치약이다.
출발		박장대소 웃음 파이팅

---

15) 김경득, 다음카페 "웃음치료 실제와 기법" 웃음치료 자료-웃음치료프로그램, 논자가 한국 웃음치료학교 교육실장이 되면서 2012년도부터 웃음치료사와 치료레크레이션 자격취득 강사교육 전권을 위임받았다. 카페지기 김경득은 2012년 전까지 행정실장이었다(2017. 12.25 오후 3:18)

〈표 3〉 웃음치료프로그램16) (2)

회 주 제	목표	활동
1. 웃음으로 마음열기	1) 프로그램에 대해 이해한다. 2) 자기소개를 통한 친밀감 형성한 다. 3) 공통점 있는 친구 찾기를 통해 관계를 증진시킨다.	1) 오리엔테이션 2) 긍정적 자기 소개 웃음 3) 친밀감 형성 쪼아 웃음 4) 오예, 오행 웃음 5) 처음만나서 반가워요 웃음율동
2. 웃음으로 표정열기	1) 얼굴표정 근육 푸는 방법을 안다. 2) 자연스럽게 웃은 방법을 안다. 3) 웃는 얼굴의 중요성을 인식한다.	1) 펜 테크닉 웃음 2) 거울웃음 3) 아, 에, 이, 오, 우 웃음 4) 희망날리기 풍선 웃음 5) 빙고 얼굴근육스트레칭 웃음율동
3. 웃음으로 자기이해 하기	1) 웃음이 감정에 미치는 효과를 안다. 2) 웃음이 주는 생리적 효과를 안다. 3) 건강한 마음을 만든다.	1) 나는 내가 정말 좋다 웃음 2) 나쁜 생각 날리기 웃음 3) 체면 옷 벗기고 웃음 옷 입히기 4) 1, 2, 3, 4 웃음율동
4. 웃음으로 함께하기	1) 긍정적 마음 가지고 다른 사람을 이해한다. 2) 용서 감사, 감동, 감탄하는 웃음 활동 연습을 한다. 3) 웃음 멘탈 휘트니스를 통해 자살예방 긍정연습을 한다.	1) 칵테일 웃음 1,2,3 단계 2) 킹콩 웃음 3) 맞아 웃음 4) 좋아 좋아 웃음 5) 웃음샤워 6) 웃음폭탄 7) 동반자 웃음율동
5. 웃음으로 몸 열기	1) 의도된 웃음을 통해 억지 웃음도 실제 웃음과 비슷한 효과가 있다는 것을 느낀다. 2) 세상의 가장 맛있는 케이크 만들기를 통해 긍정 찾기를 한다.	1) 박장대소 웃음 2) 소원 성취 웃음 3) 된다 웃음 4) 나짱 너짱 웃음 5) 집에 웃음존 만들기 6) 세상참 맛있다 웃음율동
6. 웃음훈련을 통해 행복한 감정 만들기	1) 자신의 감정을 표현하고 웃음으로 서로 격려한다. 2) 행복한 감정을 찾는 연습을 한다. 3) 도움 찾기 활동을 통해 힘들 때 찾을 수 있는 사람을 만든다. 4) 행복 되새김 훈련을 한다.	1) 백설공주 웃음 2) 난타웃음 3) 스트레스 날리기 웃음 4) 사랑의 터치 웃음 5) 청소기 웃음 6) 행복은 가까이에 웃음율동

7. 웃음증진훈련을 통한 웃음 자신감 만들기	1) 놀이 활동을 통해 어려움을 극복하는 연습을 하고 웃음을 유지할 수 있도록 한다. 2) 의사소통 훈련을 통해 자신감을 증진시키고 자신을 알게 하고 타인을 이해하게 한다. 3) 스트레스 극복 마음근육 증진 웃음 훈련을 한다.	1) 황제웃음 2) 내시웃음 3) 집중력 강화웃음 4) 비눗방울웃음 5) 천지인웃음 6) 비비기 웃음 7) 상상웃음줄넘기 웃음 8) 사랑의 트위스트 웃음율동
8. 건강한웃음생활화	1) 웃음을 습관화하도록 다양한 생활 웃음을 안다. 2) 본인이 몸과 마음을 건강하게 하는 웃음 수칙을 만든다.	1) 떨기 웃음 2) 무릎반사운동 3) 양치질 웃음 4) 엘리베이터 웃음 5) 핸드폰 웃음 6) 프로그램 후 소감말하기 7) 행복해요 웃음율동

〈표 4〉 웃음치료 프로그램[17] (3)

단계 (분)	내용	기대효과
도입 (10)	인사하기, 칭찬인사, 서로 알아가기, 친해지기, 웃음인사, 안면 근육 풀어주기.	긍정적인 마음갖기
전개 및 증진 (40)	A. 우울감소 : 음악에 맞추어 노래와 율동을 함께하기. (내 나이가 어때서, 무조건, 서울구경, 짠짜라, 웃다보니, 행복해요, 갑돌이와 갑순이) B. 인지기능 강화를 위한 손운동 · 건강박수(주먹박수, 봉우리 박수, 손등박수, 손바닥 박수). · 손운동(손가락 스트레칭, 손가락 끝 두드리기, 손가락 돌리기). · 손목 운동(손목 돌리기). C. 폐기능 강화 · 심호흡, 입술 오므리기 호흡법 10회. · 박장대소 : 15초 이상 웃는다. 2회. · 1분 웃음 : - 크게 웃는다. - 길게 웃는다. - 배와 온몸으로 웃는다. 2회	우울감소 인지기능 강화 폐기능 향상

교육	주별	월요일 진행내용	목요일 진행 내용
	1주	웃으면 복이 와요	웃으면 복이 와요

16) 이도영 외, "웃음치료프로그램이 청소년의 우울, 자살생각 및 적응유연성에 미치는 효과" 국내 학술기사, 한국웰디스 학회지, 제 10권 2호(2015), p. 141.

		2주	웃으면 건강해져요	웃으면 건강해져요	
		3주	웃으면 젊어져요	웃으면 젊어져요	
		4주	웃으면 예뻐져요	웃으면 예뻐져요	
		5주	웃으면 치매를 예방해요	웃으면 치매를 예방해요	
		6주	웃으면 소통이 잘 되요	웃으면 소통이 잘 되요	
		7주	웃으면 우울이 사라져요	웃으면 우울이 사라져요	
		8주	웃으면 활력이 넘쳐요	웃으면 활력이 넘쳐요	
		9주	웃으면 스트레스가 풀려요	웃으면 스트레스가 풀려요	
		10주	웃으면서 운동합니다	웃으면서 운동합니다	
		11주	웃으면 행복해져요	웃으면 행복해져요	
		12주	웃으면 오래 살아요	웃으면 오래 살아요	
마무리 (10)		조용한 음악과 함께 들뜬 기분을 가라앉히고 본인의 소감을 이야기하며 나눈다.			

〈표 5〉 Laughter Therapy Program for each Session(주 2회, 2주, 총 4회)

순서	회차	주제	목표	내용	시간
도입			친밀감 형성 마음열기 웃음 준비	자기소개 및 인사 스트레칭	15분
실행	1	웃음치료란?	웃음치료와 친숙해지기 자존감 증진	건강박수 안마하기 웃음의 효과 인사웃음 웃음소리내기 자존감 키우기	30분
	2	웃음박수	박수와 웃음을 이용해 건강한 웃음방법 습득	박수의 효능 각나라 박수 까꿍 웃음 계단 박수웃음 박수율동	
	3	웃음율동	노래와 율동을 통한 웃음방법 습득	순정 고향의 봄 짠짜라 무조건	
	4	웃음게임	게임을 통한 자연스러운	자존감게임	

---

17) 황명숙, "기능강화웃음치료가 노인의 우울, 인지 및 폐기능에 미치는 효과" 석박사 학위 논문(박사), 아주대학교 대학원, 2015, p. 46.

			웃음을 만들고 스트레스를 해소	3.6.9게임 접목 눈치게임 과일게임	
마무리			마음 나누기 느낌과 변화를 표현 인사 나누기	이완 포옹하고 인사하기 서로 칭찬하기 긍정확언	15분

〈표 6〉 웃음치료 프로그램 활동 계획서[18]

강좌명		웃음치료	
시 간	60분	정원	21명
목 적		웃음은 인체 내에 엔돌핀, 엔케팔린, 도파민 등 21가지 좋은 호르몬을 생산하여 NK세포를 도와 암을 없애주는 중요한 역할을 한다. 항상 웃은 얼굴은 자신은 물론 타인에게도 긍정적이고 좋은 관계를 형성하므로 서로에게 건강에 좋은 영향력을 끼치게 된다. 그러므로 웃음치료는 웃음을 통한 치유 및 완화 그리고 좋은 관계를 형성하는 것을 그 목적으로 한다.	
준비물		악기(기타, 하모니카, 해금 등), 치료레크레이션용 풍선, 신문지, 종이컵, 시상용 간식 등	

월	주	주제	수업 진행내용
1월	1	웃음은 복을 가져온다	1. 웃음 인사법 2. 얼굴 스트레칭 3. 웃음의 삼박자 4. 폭소웃음 5. 계단박수 6. 건강박수 7. 행복 박타기 8. 함박웃음법 9. 무릎반사 웃음법 10. 사자웃음법 11. 도깨비잡으러 12. 폭소웃음법 13. 거울 웃음법 14. 목 앞뒤 박수 15. 9988234 16. 주간활용 박수법 17. 박장대소로 마침
	2	웃음의 성격	1. 친구야 반갑다 2. 웃음의 효과 3. 웃음은 행복의 열쇠 4. 유머퀴즈(이미자) 5. 하모니카연주 6. 건강박수 7. 건강박수 8. 웃음보(배꼽인사) 9. 하회탈 웃음법 10. 풍선 웃음법 11. 손뼉치고 12. 뿅망치 웃음법 13. 웃음을 어떻게 다루어 왔을까? 14. 행복의 잔 웃음법 15. 쇼팽의 이야기 16. 감사세라피(잔머리) 17. 자존감 높이기 웃음법 18. 웃음구호
	3	다른 사람들과 함께 웃자	1. 호호하하(하) 도찐개찐 2. 용서하고 잊어버려 3. 풍당풍당 4. 음악치료(기타와 함께) 5. 건강박수 6. 웃어요(송아지) 7. 유머퀴즈(무지개) 8. 밀크세이크 웃음 9. 허밍웃음(비둘기 웃음) 10. 집게손가락으로 상대방을 가리키며 서로웃음 11. 용서 웃음 12. 목 앞뒤 박수, 어깨 웃음 13. 함박웃음 14. 계단박수 15. 사물놀이 웃음 16. 웃음구호 17. 손뼉치고 18. 칼죠세프 쿠셀
	4	웃음은 인생 필수	1. 웃음보 흔들기 2. 풍당풍당 3. 니껏도 내껏(놀부가) 4. 아침엔 아침부터 5. 음악치료(아 목동들아) 6. 유머퀴즈(이불) 7.

			사물놀이 8. 천지인 9. 휘파람 학교 종(볼 운동) 10. 건강박수 11. 도깨비 잡으러 12. 지그재그 박수 13. 껌박수 14. 설 하면 떠오르는 것은? 15. 손뼉치고 1,2 16. 윌리엄 세익스피어
2월	1	웃음을 살려라	1. 웃음인사 2. 호호하하(하) 3. 사람의 얼굴에는 15개의 웃음 근육 4. 음악치료(기타와 함께) 5. 목운동 웃음 6. 건강박수 7. 털고 털고(산토끼) 1), 2) 8. 아에이오우 9. 유머퀴즈(침묵) 10. 웃음보 흔들기 11. 집게손가락으로 상대방을 가리키며 서로웃음 12. 용서 웃음 13. 계단박수 14. 사물놀이 웃음 15. 천지인 16. 손뼉치고 1), 2) 17. 쇼펜하우어
	2	웃음은 성공을 가져온다	1. 웃음인사(웃음보 흔들기) 2. 화장실 웃음 3. 하 하하 하하 하하하 4. 니껏도 내껏(놀부가) 5. 배 운동 송아지(하 헤 히 후) 6. 음악치료(하모니카) 7. 유머퀴즈(이불) 8. 사물놀이 9. 천지인 10. 고향의 봄 6군데 안마 11. 건강박수 12. 도깨비 잡으러 13. 폭소 웃음법 14. 껌박수 15. 도레미파솔라시도 웃음 16. 손뼉치고 1, 2 17. 윌리엄 세익스피어
	3	웃음이 최고다	1. 웃음인사 2. 옆 사람과 인사(하하 호호호) 3. 웃음구호 4. 음악(하모니카/ 옛날에 즐거이, 아리랑) 5. 유머퀴즈(티눈) 6. 계단박수 7. 지그재그박수 8. 손뼉치고 9. 30초 웃기 10. 미인 대칭 웃음 11. 사자 웃음법 12. 몸 칭찬하기 13. 망치 웃음 법 14. 풍선 웃음 15. 송아지 16. 산토끼 17. 주간 활용웃음
	4	웃음은 자발적 운동	1. 계단박수 2. 치매예방박수 3. 손과 손목운동 4. 음악치료 5. 머리체조 6. 건강박수 7. 치료레크 8. 폭소웃음 9. 칵테일 웃음 10. 송아지 11. 유머퀴즈 12. 과일이름 13. 지그재그 웃음 14. 자존감 높이기 15, 백설공주 웃음 16. 주간활용 웃음
3월	1	웃음은 스트레스를 없애준다	1. 웃음보흔들기 2. 치매예방(엄지) 3. 아침엔 아침부터 4. 음악치료 5. 유머퀴즈 6. 사물놀이 7. 천지인 8. 6군데 안마 웃음 9. 건강박수 10. 망치 웃음 11. 지그재그박수 12. 함박웃음 13. 웃음의 반댓말 14. 감사 세라피 15. 윌리엄 제임스
	2	웃음은 모든 병의 치료에 도움을 준다	1. 웃음인사 2. 계단박수 3. 웃음보위치 4. 웃는 표정만들기 5. 음악치료 6. 건강박수 7. 유머퀴즈 8. 치료레크(부메랑) 9. 만병통치약웃음 10. 사물놀이 11. 폭소 웃음 12. 온몸웃기 13. 나라이름대기 14. 주간활용웃음
	3	웃음형 인간이 되라	1. 웃음인사 2. 송아지 3. 만나서 반갑습니다 4. 음악치료 5. 치료레크(풍선) 6. 여우가 동생을 부르는 소리 7. 이침 8. 사자 웃음 9. 건강박수 10. 유머퀴즈 11. 웃음보 12. 난타웃음 13. 도깨비 잡으러 14. 웃음송 15. 손뼉치고
	4	웃음은 행복을 가져온다	1. 웃음인사(하이파이브) 2. 웃음스트레칭 3. 음악치료 4. 치료레크(패트병) 5. 아침엔 아침부터 6. 유머퀴즈 7. 한국요리 이름 8. 사자웃음법 9. 천지인 10. 건강박수 11. 계단박수 12. 웃음보 13. 밀크쉐이크 14. 털고털고 15. 제임스 월쉬

223

4월	1	웃음을 생활화하라	1. 웃음인사 2. 웃음 스트레칭 3. 고향의 봄 4. 매일 웃으면 5. 음악치료 6. 좋아하는 운동경기 7. 신문지 길게 8. 아침엔 아침부터 9. 건강박수 10. 유머퀴즈 11. 칭찬하고 서로웃기 12. 웃음송 13. 계단박수 14. 커피세이크 15. 함박웃음 16. 손뼉치고 17. 윌리엄 세익스피어
	2	유머가 있는 사람이 리더가 된다	1. 계단박수 2. 억지웃음 3. 산토끼 치매예방 4. 송아지 5. 외이 키 키 6. 음악치료 7. 건강박수 8. 유머퀴즈 9. 치료레크(비치볼) 10. 만병통치 두가지(웃음, 물) 11. 천지인 12. 지그재그 13. 야채이름 14. 손뼉치고 15. 주간활용 웃음
	3	Fun 경영을 추구하라	1. 웃음인사(악수하며) 2. 치매 예방 박수 3. 미인대칭 웃음 4. 내가 최고 5. 당신이 최고 6. 파이팅 7. 박수 100번치기 8. 웃음보 흔들기 9. 행복 박타기 웃음 10. 치료레크(풍선) 11. 자존감높이기 12. 강이름 대기 13. 가위바위보 14. 죠세프 칼쿠셀 15. 웃음구호
	4	유머는 경쟁력을 좋게 한다	1. 웃음인사 2. 성형웃음 3. 머리 지압 웃음 4. 음악치료 5. 건강박수 6. 사자웃음법 7. 거울 웃음법 8. 웃음송 9. 웃음 칵테일 10. 계단박수 11. 털고 털고 짝짝 12. 주간 활용 박수 13. 손뼉치고 14. 9988234 15. 윌리엄제임스
	5	칭찬은 웃음을 준다	1. 계단박수(1223454321) 2. 가위바위보 3. 웃음스트레칭 4. 음악치료(해금) 5. 가라사대 6. 웃음송 7. 함박웃음 8. 목 앞뒤 박수 9. 건강박수 10. 유머퀴즈 11. 꽃이름대기 12. 삼행시 13. 아에이오우 14. 바디피드백 15. 주간활용박수 16. 쇼펜하우어
5월	1	인생은 잔치다	1. 웃음 인사법 2. 얼굴 스트레칭 3. 웃음의 삼박자 4. 폭소웃음 5. 계단박수 6. 건강박수 7. 행복 박타기 8. 함박웃음법 9. 무릎반사 웃음법 10. 사자웃음법 11. 도깨비잡으러 12. 폭소웃음법 13. 거울 웃음법 14. 목 앞뒤 박수 15. 9988234 16. 주간활용 박수법 17. 박장대소로 마침
	2	웃음이 있는 가정이 행복한 가정이다	1. 웃음보 흔들기 2. 풍당풍당 3. 니껏도 내껏(놀부가) 4. 아침엔 아침부터 5. 음악치료(아 목동들아) 6. 유머퀴즈(이불) 7. 사물놀이 8. 천지인 9. 휘파람 학교 종(볼 운동) 10. 건강박수 11. 도깨비 잡으러 12. 지그재그 박수 13. 껌박수 14. 설 하면 떠오르는 것은? 15. 손뼉치고 1, 2 16. 윌리엄 세익스피어
	3	웃음이 있는 사회가 행복한 사회이다	1. 웃음인사(웃음보 흔들기) 2. 화장실 웃음 3. 하 하하 하하 하하하 4. 니껏도 내껏(놀부가) 5. 배 운동 송아지(하 헤 히 후) 6. 음악치료(하모니카) 7. 유머퀴즈(이불) 8. 사물놀이 9. 천지인 10. 고향의 봄 6군데 안마 11. 건강박수 12. 도깨비 잡으러 13. 폭소 웃음법 14. 껌박수 15. 도레미파솔라시도 웃음 16. 손뼉치고 1, 2 17. 윌리엄 세익스피어

	4	웃음은 삶에 힘을 준다	1. 웃음인사 2. 옆 사람과 인사(하하 호호호) 3. 웃음구호 4. 음악(하모니카/ 옛날에 즐거이, 아리랑) 5. 유머퀴즈(티눈) 6. 계단박수 7. 지그재그박수 8. 손뼉치고 9. 30초 웃기 10. 미인대칭 웃음 11. 사자 웃음법 12. 몸 칭찬하기 13. 망치 웃음법 14. 풍선 웃음 15. 송아지 16. 산토끼 17. 주간 활용웃음
6월	1	웃음의 본질	1. 친구야 반갑다 2. 웃음의 효과 3. 웃음은 행복의 열쇠 4. 유머퀴즈(이미지) 5. 하모니카연주 6. 건강박수 7. 건강박수 8. 웃음보(배꼽인사) 9. 하회탈 웃음법 10. 풍선 웃음법 11. 손뼉치고 12. 뿅망치 웃음법 13. 웃음을 어떻게 다루어 왔을까? 14. 행복의 잔 웃음법 15. 쇼팽의 이야기 16. 감사세라피(잔머리) 17. 자존감 높이기 웃음법 18. 웃음구호
	2	남을 웃게하라	1. 호호하하(하) 도전개찐 2. 용서하고 잊어버려 3. 풍당풍당 4. 음악치료(기타와 함께) 5. 건강박수 6. 웃어요(송아지) 7. 유머퀴즈(무지개) 8. 밀크세이크 웃음 9. 허밍웃음(비둘기 웃음) 10. 집게손가락으로 상대방을 가리키며 서로웃음 11. 용서 웃음 12. 목 앞뒤 박수, 어깨 웃음 13. 함박웃음 14. 계단박수 15. 사물놀이 웃음 16. 웃음구호 17. 손뼉치고 18. 칼죠 세프 쿠셀
	3	웃음은 명령이다	1. 웃음인사 2. 호호하하(하) 3. 사람의 얼굴에는 15개의 웃음근육 4. 음악치료(기타와 함께) 5. 목운동 웃음 6. 건강박수 7. 털고털고(산토끼) 1), 2) 8. 아에이오우 9. 유머퀴즈(침묵) 10. 웃음보 흔들기 11. 집게손가락으로 상대방을 가리키며 서로웃음 12. 용서 웃음 13. 계단박수 14. 사물놀이 웃음 15. 천지인 16. 손뼉치고 1), 2) 17. 쇼펜하우어
	4	웃음을 회복하라	1. 계단박수 2. 치매예방박수 3. 손과 손목운동 4. 음악치료 5. 머리체조 6. 건강박수 7. 치료레크 8. 폭소웃음 9. 칵테일웃음 10. 송아지 11. 유머퀴즈 12. 과일이름 13. 지그재그 웃음 14. 자존감 높이기 15. 백설공주 웃음 16. 주간활용 웃음

---

18) 필자가 10여 년 동안 복지관, 관공서, 학교, 교회, 주간노인보호소 등에서 웃음치료사로 실시 했던 프로그램을 제시한다.

9) 웃음치료 프로그램 개발 내용 제시[19]

가) TV에 내가 나왔으면(율동과 함께 자존감을 높이기)

　TV에(TV처럼 양손으로 사각형을 크게 그린다)

　내가 나왔으면(TV에 내가 나온 폼을 잡는다(2회)

　정말 좋겠네(정말 좋은 행동을 보여준다)(2회) … 하 하하하

　하하하(웃는다)

　춤추고(춤을 춘다) 노래하는(노래하는 모션)

　예쁜 내 얼굴(양손으로 목 아래 손을 펴서 얼굴을 꽃처럼 꾸민다)

　TV에(TV처럼 양손으로 사각형을 크게 그린다)

　내가 나왔으면(TV에 내가 나온 폼을 잡는다(2회)

　정말 좋겠네(정말 좋은 행동을 보여준다)(2회) … 하 하하하

　하하하(웃는다)

나) 동물소리 내며 웃기(정서적)

　돌아가며 좋아하는 동물 소리를 내고, 박수를 쳐준다.

　동물 소리를 낼 때 자연스럽게 웃음이 터져 나오면 함께 크

　게 웃는다.

다) 스파이크(스트레스 해소)

　왼손에 배구공을 들고 던지며 오른손으로 스파이크하며 크게

　웃는다.

　준비! 던지고! 스파이크! … 하 하하하하하하

라) 6군데 안마하며 웃기(피로를 풀어줌)

---

19) 필자가 그동안 웃음치료사로 활동하여 연구한 웃음치료 프로그램이다.

고향의 봄(4박자)을 부르면서 무릎 4번, 배 4번, 가슴 4번, 머리 4번, 허리 4번, 엉덩이 4번을 순차적으로 손바닥이나 주먹으로 안마해 준다.

마) 웃는 얼굴 만들기(표정관리)

위(위를 발음하면서 입 꼬리를 끝까지 올린다(5초 정도)) 2회후, 헤헤헤헤헤헤(풀어주는 소리)하고 웃는다.

바) 시계웃음(흥미유발)

인도자가 '1시' 하면 다 같이 머리로 종을 치는 것처럼 이마로 종을 치며 '땡' 하면서 크게 웃는다.

'2시' 하면 '땡 땡' 전과 동일한 방법으로 종을 치며 함께 웃는다. 3시까지 실시하고 '12시'를 외친다. 두 번만 종을 치고 10번은 생략하겠습니다. 등으로 상황에 따라 시간을 조정하며 웃는다.

사) 전화벨소리 웃음(순발력)

전화왔습니다! 모두 3회 따르릉을 울린다.

인도자가 오른손을 올리면 따르릉을 왼손을 올리면 전화벨을 울리지 않는다. 틀리면 '밥이 없습니다!'

아) 칭찬하기(자존감)

깜짝 놀란 표정으로 옆 사람을 보며 칭찬의 말을 해주며 크게 웃는다.

(예, '헉~ 이렇게 멋진 분이 내 옆에 계신 줄 몰랐네요!' 등등)

자) 박장대소, 뱃살대소, 파안대소, 책상대소(좋은 관계)

"(보물) 술래잡기 고무줄놀이"의 가사에 맞춰

박장대소(4박자 박수치며) - 모두 박장대소로 3회 크게 웃는다.

뱃살대소(4박자 박수치며) - 모두 뱃살대소로 3회 크게 웃는다.

파안대소(4박자 박수치며) - 모두 파안대소로 3회 크게 웃는다.

책상대소(4박자 박수치며) - 모두 책상대소로 3회 크게 웃는다.

우리 모두(박수치며) 신나게(춤추며) 웃어봅시다(박수치며)

아 하하하하하하하하

차) 거울아 거울아(자존감, 협동심)

박수 10번 치게 한 후 손을 비비고 손바닥을 편다(거울을 만듦)

"거울아 거울아 여기에 있는 분들 중에 누가 가장 (성격)이 좋나?"

"○○○"

일어나 감사 인사를 유도하며, 큰 환호와 함께 모두 박수를
쳐준다.

※ (성격) 대신에 '친절', '착하시니', '건강', '잘생겼니' 등으
로 응용한다.

카) 종이비행기 날리기(웃음유발, 표현력)

종이비행기를 날려 떨어지는 모습 그대로 표현하며 웃어보기

타) 풍선불어 날리기(웃음유발, 표현력)

풍선을 불어 하나 둘 셋 후에 풍선을 놓아 날아가는 모습 그
대로 표현하고 웃어보기

파) 물 풍선 주고받기(감각, 협동심)

미리 물 풍선에 물을 넣어 준비한다. 물 풍선을 주고받으며
웃는다.

하) 곰 세 마리(노래와 함께)(행복한 가정)

곰 세 마리가(손가락 셋을 내밀며)

한 집에 있어(머리위로 두 손을 올려 집을 만든다)

아빠 곰(양팔을 주먹을 쥐고 좌우로 올린다)

엄마 곰(두 팔을 아래로 내리며)

아기 곰(두 팔을 주먹 쥐고 중간만큼 올리며)

아빠 곰은 뚱뚱 해(아 하하하하하하하)

엄마 곰은 날씬 해(오 호호호호호호호)

아기 곰은 너무 귀여워(에 헤헤헤헤헤헤헤)

으쓱 으쓱(어깨를 올렸다 내렸다) 잘한다(박수를 치며).

박장대소로 마침.

가) 태극기(노래 부르며)(상체 운동, 나라 사랑)

태극기가(양 손으로 사각형을 만들며)

바람에(박수를 치며)

펄럭입니다(좌우 손을 위로 올려 좌우로 흔든다)

하늘 높이(오른손을 높이 펴 들고 이어서 왼손을 높이 펴 들며)

아름답게(손뼉을 치며)

펄럭입니다(좌우 손을 위로 올려 좌우로 흔든다).

박장대소로 마침

나) 드론 박수(순발력, 건강)

한 때 찌개 박수 시리즈가 유행을 했다. 웃음치료나 레크레이션을 할 때 요즘도 많이 사용한다. 찌개 박수에 드론박수를 접목해 본다.

드론 드론 짝짝

윙~ 윙~ 짝짝

드론 짝 윙~ 짝

드론 윙~ 짝짝

박장대소로 마침

위와 같은 웃음치료 프로그램은 그동안 해왔던 웃음치료 프
로그램이나 이미 알고 있는 재미있는 율동을 응용하여 새로
운 프로그램을 만들 수 있다. 그리고 일상 생활에서 사물, 동
물, 놀이, 스포츠, TV, 인터넷 등을 살펴보고 연구하면 새로
운 웃음치료 프로그램을 만들 수 있다.

다) 사진찍기 웃음(웃음 유발, 단결심)

여러 가지 모습으로 포즈를 하게 하여, 사진을 찍는 폼을 잡
고 단체사진을 찍고 박장대소로 웃는다. 두 세 번 사진을 찍
으며 크게 웃는다.

〈표 7〉 웃음치료 프로그램 강의안 예시[20]

	웃음치료의 종류	웃음치료 프로그램	시간
1	웃음인사	1. 나는 너를 사랑해 2. 만나서 반갑습니다 3. 방가 방가 4. 친구야 반갑다	3분
2	웃음 스트레칭	1. 얼굴근육 14개 2. 머리 두드리기 3. 이침 4. 머리 전후좌우 밀어주기 5. 어깨운동 6. 허리 좌우 흔들기 7. 무릎반사운동 8. 발목 당기기 9. 털고털고 10. 손 퉁기기, 비틀기, 손가락 잡아 당기기	5분
3	웃음의 방법 및 효과	1. 웃음의 방법 2. 웃음의 효과(엔돌핀, 엔케팔린, 도파민, 다이돌핀, NK세포 등) 3. 웃음보	5분
4	웃음 음악치료	1. 기타, 하모니카 등 악기를 이용 2. 동요 3. 찬송 4. 율동	10분

		5. 아침엔 아침부터 하하하 6. 웃어요 웃어요	
5	치료레크리에이션	1. 풍선 릴레이 2. 물풍선 릴레이 3. 신문찢기 4. 신문 뭉쳐서 던지기 5. 에그세이크 6. 심벌즈 웃음	5분
6	웃음 건강박수	1. 마주치기박수 2. 손바닥박수 3. 손가락박수 4. 손목박수 5. 주먹박수 6. 손끝박수 7. 손등박수 8. 엄지볼박수 9. 칼날박수 10. 먹보박수 11. 계단박수 12. 목 앞뒤박수 13. 드론박수	5분
7	웃음 유머, 삼행시 웃음	1. 웃음유머 4가지, 삼행시 웃음	3분
8	웃음 감사, 자존감 높이기	1. 감사 세라피 2. 자존감 높이기	3분
9	온몸 웃음	1. 사물놀이 2. 천지인 3. 9988234 4. 폭소 웃음법 5. 망치 웃음 6. 웃음 퍼 올리기	5분
10	웃음 정리	1. 손뼉치고 2. 주간활용 박수	2분
11	웃음 명언, 웃음 구호 웃음 덕담	1. 윌리엄제임스 2. 칼 조세프 쿠셀 3. 윌리엄 세익스피어 4. 웃고 살면 인생대박 5. 웃으면 복이온다	4분

---

20) 표 6.은 필자가 10여 년간 웃음치료사로 활동했던 웃음치료 프로그램이다.
1~11번까지 웃음치료의 종류 중 1~2개를 웃음치료 프로그램 강의안을 작성하면 1시 간 정도 진행할 수 있다. 위에 나타난 웃음치료 종류나 웃음치료 프로그램은 가감하거나 개발하여 항상 업그레이드해야 한다.

5장

결론

대안 심리치료로서의 웃음치료 프로그램 연구는 모든 사람의 삶에 진정한 도움을 주는 연구라 생각한다. 특히, 기독교 신앙을 가진 자들의 삶을 성경 말씀(항상 기뻐하라(살전 5:16))의 실천으로 좀 더 기쁘고 보람 있는 삶을 살 수 있다고 볼 수 있다. 그러므로 본 연구는 Ⅰ장 서론에서는, 대안 심리치료로서의 웃음치료 프로그램에 대한 당위성으로 문제 제기와 함께 연구의 목적을 밝혔다. Ⅱ장에서는, 대안 심리치료에 대한 이해를 살펴보았다. 대안 심리치료를 알아보기 위하여 먼저 심리치료를 알아야 했기 때문에 심리치료는 무엇인가를 살펴보고 대안 심리치료란 무엇인가를 살펴보았다. 또한 대안 심리치료의 필요성과 특징을 살펴본 후 대안 심리치료의 종류와 방법에 대하여 논술하였다. Ⅲ장에서는, 웃음치료 이해로서 웃음치료의 근거 즉, 웃음치료의 필요성과 목적을 밝혔으며, 웃음치료가 신앙에 미치는 영향을 살펴보았다. Ⅳ장에서는, 웃음치료 프로그램으로서 웃음치료의 원리와 방법, 그리고 웃음치료의 전략과 실제에 대하여 10여 년 동안 웃음치료사로서 웃음치료 프로그램에 대한 방법들을 기술하였고 응용하여 새로운 방법들도 제시하였다.

본고를 쓰기 위하여 관련 도서들을 살펴보았는데, 심리치료와 대안 심리치료(대체의학)에 대한 방법은 200~400개 정도로 추산할 수 있다는 것을 알 수 있었다. 그중에 대안 심리치료로서의 웃음치료 프로그램은 누구나, 어느 장소에서도 실행하는데 부작용이 거의 없고 별다른 제약을 받지 않는다는 특징이 있다. 무엇보다도 웃음치료를 실시하는데 비용이 거의 들지 않으면서도 신경계, 호흡기계, 심혈관계, 소화기계, 근육계, 내분비계, 면역계 등에 영향을 미쳐 건강과 장수 그리고 행복한 삶을 살 수 있게 하는 효과를 가져온다.

특히 몇 년 사이에 웃음을 통해 암을 고침 받거나, 웃음으로 생명을 연장하는 효과를 가져와 웃음치료에 대한 긍정적인 평가를 받고 있다.

최근 이와 같이 웃음치료 프로그램을 통하여 삶에 기쁨을 가져오고 신앙생활에도 좋은 영향을 끼쳐 웃자는 운동이 확산되고 있는 것은 바람직한 일이라 생각된다. 우리나라 사람들은 예로부터 잘 웃지 않았다. 선비 사상, 웃으면 헤프다, 허파에 바람들어간다, 복달아난다 등등의 문화 때문이라고 볼 수 있다. 그러나 웃음을 통해 건강이나 행복한 삶에 탁월하고 좋은 영향을 미친다면 웃음치료에 대한 프로그램의 활용과 더불어 더 발전적이고 보완적인 프로그램의 개발이 필요할 것이다. 이에 대하여 본고에서 제시하였다. 부족한 면이 많지만 앞으로도 웃음치료 프로그램에 대한 연구와 개발로 필자는 물론 타인을 위해 웃음을 통한 건강과 치유 및 완화, 기쁘고 긍정적인 삶을 위한 노력을 해 나아갈 것이다.

본 전인치유인 웃음치료는 현재 웃음치료사로서 활동하고 있는 본인의 경험과 많은 서적을 통해 웃음에 대한 긍정적인 효과를 접해왔기 때문에 프로그램 연구로만 본고를 쓰는 것으로 제한점을 두었다는 것에 어느 정도의 아쉬움을 남긴다. 바라기는 이와 같은 형태의 글을 쓰고자 하는 자들은 경험적 연구와 통계 분석학적 접근 등으로 더 나은 글들이 나올 것을 기대한다.

참고문헌

1. 국내서적

권석만 2012 현대 심리치료와 상담 이론. 서울: ㈜학지사.
김상문 2004 100살 자신있다. 서울: 도서출판 상문각.
김종환 2000 상담사역론. 서울: 서울신학대학교 상담대학원 카운슬링센터.
김진배 2008 결정적순간의 유머. 서울: 시아출판사.
김진배 2004 유머가 인생을 바꾼다. 서울: 다산북스.
노만택 2002 웃음의 건강학. 서울: 도서출판 푸른솔.
노안영 2014 게슈탈트치료의 이해와 적용. 서울: ㈜ 학지사.
노용구 2002 치료레크리에이션. 서울: 대경북스.
류종영 2005 웃음의 미학. 서울: 유로서적.
류종훈 2002 대체의학과 건강관리. 서울: 학문사.
류종훈 2005 웃음 치료학의 이론과 실제. 파주: 21세기사.
박영민 2006 예수님의 웃음초대. 서울: 도서출판 토기장이.
박영신·지영환 2012 경찰 직무스트레스 이해와 치료. 서울: 학지사.
박용빈 2007 웃음 치료완전정복: 신나는 웃음치유길라잡이. 서울: 21세기사.
신상훈 2011 웃어라학교야. 서울: 즐거운학교.
신상훈 2010 유머가 이긴다. 서울: 쌤앤파커스.
오혜열 2011 웃음희망 행복나눔. 서울: 도서출판 멘토.
이바울 2001 특선유머집. 서울: 도서출판 감추인 보화.
이상근 2002 해학 형성의 이론. 서울: 경인문화사.
이상훈 2011 유머로 시작하라. 파주: 살림.
임종대 2000 유머학. 서울: 미래문화사.
정기호 1998 배꼽 잡고 훔쳐본 교인 풍속도. 서울: 예찬사.
정여주 2003 미술치료의 이해. 서울: 학지사.
정재민 2011 군대유머, 그 유쾌한 웃음과 시선. 서울: 박문사.
조순배 2006 웃으면 성공한다. 경기도 시흥: 도서출판 생명샘.
조순배 편저 2006 웃음치료 이론과 실제. 경기 시흥: 도서출판 생명샘.
조재선 2002 리더를 위한 유머뱅크 1580. 서울: 베드로서원.
최규상 2015 유머손자병법. 서울: 도서출판 작은씨앗.

황수관 2012 <u>황수관 박사의 웃음치료 유머</u>. 서울: 도서출판 세줄.

2. 번역서적

스티븐 포스트·질 니마크 2013 <u>왜 사랑하면 좋은 일이 생길까</u>. 강미경, 서
  울: 다우출판.
앤서니 그랜트·앨리슨 리 2013 <u>행복은 어디에서 오는가</u>. 장지현, 서울: 비즈
  니스북스.
캘빈 에스 홀프로이트 1993 <u>프로이트 심리학의 기본이론</u>. 함희준, 서울: 도서
  출판 배재서관.
Barbara L. Wheeler., et al. 2004 <u>음악치료 연구</u>. 정현주 외. 서울: 학지사.
Brian Thome 2007 <u>칼 로저스</u>. 이영희 외, 서울: 학지사.
Michael D. Spiegler/David C. Guevremont, 2004 <u>행동치료</u>. 전윤식 외, 서울:
  시그마프레스(주).
William Glasser 1995 <u>현실치료</u>. 김양현, 서울: 도서출판 원미사.

3. 학술지, 논문, 전자매체 자료

박현주, 안효자 2016 "일개 경로당 이용 노인의 웃음치료 참여 경험" 한국산
  학기술학회 논문지. 제17권 제12호.
이도영 외 2015 "웃음치료프로그램이 청소년의 우울, 자살생각 및 적응유연
  성에 미치는 효과" 국내 학술기사. 한국웰디스 학회지 제 10권 2호.
고예정 2014 "웃음치료 프로그램이 결혼이주여성의 문화적응 스트레스와 스
  트레스 반응에 미치는 효과" 학위논문(박사). 중앙대학교 대학원.
김미숙 2010 "크리스챤 자존감 증진을 위한 웃음치료 프로그램" 서울 신학
  대학교 상담 대학원 석사논문.
라원기 2005 "성경에 나타난 웃음치료에 관한 연구" 학위논문 석사, 호남 신
  학대학교 기독상담대학원.
안미선 2014 "웃음의 치유적 효과와 교회 내 참 웃음 프로그램 적용에 관한
  연구" 장로회신학대학교 대학원 석사논문.
황명숙 2015 "기능강화웃음치료가 노인의 우울, 인지 및 폐기능에 미치는 효
  과" 석박사 학위논문(박사). 아주대학교 대학원.
<u>위키 백과사전 Online</u> 2017 "심리치료, 심리치료의 종류, 심리치료의 방법"
  다음 카페.
권성중 n.d. "웃음치료란 무엇인가?" 다음 카페 사회자 클럽.

국어사전 Online 2018 "뇌하수체 선종을 이기는 사람들" 다음 카페.

양주동 1983 표준국어대사전. 서울: 문화출판사.

블로그 Online 2017 "호르몬의 종류와 기능" 일산주엽역한의원(서연한의원).

박인성

1979 여수수산전문대학교(현 여수대학교) 수산 가공(식품)과(전문학사) 졸업
1996 한국방송통신대학교 행정학과(B. A) 졸업
2000 서울신학대학교 선교대학원(M. A) 졸업
2000 서울신학대학교 신학대학원(M. Div) 수료
2018 미성대(미주성결대학교) 목회학 박사(D. Min) 졸업
2018 기독교 대한 성결교회 경인지방 회장
2019 기독교 대한 성결교회 경인지방 교역자회장
1998~1999 시흥시 기독교 연합회 회계
2016 서울신학대학교 평생교육원 웃음치료학 교수
2018 서울신학대학교 평생교육원 드론교육지도사 교수
현 신천중앙교회 담임 목사
    기아대책 시흥지역회 부회장
    한국웃음치료학교 대표
    한국심성문화교육원 이사
    웃음치료사 교육 및 드론교육지도사 교육

전인치유
웃음치료

초판인쇄 2019년 5월 27일
초판발행 2019년 5월 27일

지은이 박인성
펴낸이 채종준
펴낸곳 한국학술정보㈜
주소 경기도 파주시 회동길 230(문발동)
전화 031) 908-3181(대표)
팩스 031) 908-3189
홈페이지 http://ebook.kstudy.com
전자우편 출판사업부 publish@kstudy.com
등록 제일산-115호(2000. 6. 19)

ISBN 978-89-268-8826-1 93230